MANUAL DA TENEPES

WALDO VIEIRA,
MÉDICO

MANUAL DA TENEPES

TAREFA ENERGÉTICA PESSOAL

4ª EDIÇÃO EM PORTUGUÊS

EDITARES®

Foz do Iguaçu, PR – Brasil
2021

Histórico Editorial	1ª Edição 1995 - 3.000 Exemplares
	2ª Edição 1996 - 5.000 Exemplares
	3ª Edição 2011 - 1.500 Exemplares
	3ª Edição 2011 - Livro Eletrônico
	4ª Edição 2021 - PoD

O texto desta obra foi mantido conforme a 3ª edição. As revisões gramaticais e gráficas pré e pós textuais, capa e diagramação foram realizadas exclusivamente por voluntários da Conscienciologia.

Revisores gráficos: Ila Rezende, Liliane Sakakima, Milena Mascarenhas.
Revisores: Erotides Louly, Helena Araujo e Julieta Mendonça.
Capa: Débora Klippel e Luciano Melo.
Diagramação: Daniel Ronque.

Dados Internacionais de Catalogação na Publicação (CIP)

V657m Vieira, Waldo, 1932 – 2015

Manual da Tenepes : tarefa energética pessoal / Waldo Vieira. – 4. ed. Foz do Iguaçu : Editares, 2020.

136 p.

Inclui Bibliografia.
ISBN 978-65-86544-01-5

1. Conscienciologia. 2. Projeciologia. I. Título

CDD 133

Tatiana Lopes CRB 9/1524

EDITARES®

ASSOCIAÇÃO INTERNACIONAL EDITARES
Av. Felipe Wandscheer, nº 6.200, sala 100D; Cognópolis
Foz do Iguaçu, PR – Brasil – CEP: 85856-850
Tel/Fax: +55 45 9 9133 2818
E-mail: editares@editares.org – *Website:* www.editares.org.br

ÍNDICE GERAL

INTRODUÇÃO

Manual. Este volume é o *"livro sobre a tenepes"* que muitos colegas, colaboradores, energizadores, projeciólogos e conscienciólogos cobraram deste autor, nestas últimas 2 décadas.

Pesquisas. O *Manual* foi redigido a partir de notas pessoais, desde 1950; de pesquisas com praticantes adultos – homens e mulheres – das tarefas energéticas pessoais; e das perguntas e respostas colhidas nos *"Cursos da Tenepes"*, ministrados nos últimos tempos, através das programações didáticas do Instituto Internacional de Projeciologia e Conscienciologia (IIPC), em localidades diversas.

Paratecnologia. Este livro, dedicado à execução de experimentos transcendentes, parapsíquicos, projetivos ou anímicos, enquadra-se numa área das pesquisas e recursos de ponta da alta *paratecnologia da consciência.*

Variáveis. Você – leitor que se depara com o assunto pela primeira vez – *não deve perder tempo* com este manual prático, *se não admite,* sem dúvidas mortificantes, estas 5 variáveis:

1. **EC.** A existência – bem definida por você – da *energia consciencial (EC),* além dos impulsos nervosos do corpo humano.

2. **Animismo.** As manifestações anímicas, benignas e evolutivas, além das crendices, delírios e tradições folclóricas.

3. **Parapsiquismo.** As *manifestações parapsíquicas* (mediúnicas, interdimensionais ou *paranormais*) sadias.

4. **Interassistencialidade.** A necessidade evolutiva de as consciências humanas se auxiliarem umas às outras, por intermédio de *trabalhos interassistenciais* lógicos, justos e maduros.

5. **Interdimensionalidade.** As comunicações interconscienciais entre as muitas *dimensões das consciências* intra e extrafísicas.

Recursos. O melhor, com lógica, neste caso, será deixar para enfrentar tais assuntos quando já tiver experimentado, por você mesmo, os recursos conscienciais enumerados, de modo tranquilo e sem os sobressaltos das controvérsias, dentro de uma inevitável microminoria intrafísica, social, cultural, discernidora.

Predisposição. Este volume de experimentos não evidencia qualquer pretensão do autor-informador de persuadir alguém. É tão só um código prático para *quem esteja predisposto ao tema.* Eis por que se você não se enquadra, dentro de si mesmo, nestas condições, o mais inteligente é adiar o seu desenvolvimento consciencial, energético, assistencial para mais tarde ou mesmo para as diretrizes intrafísicas de outra programação existencial (proéxis), um curso intermissivo melhor e com *outro soma* à frente, em novo estágio na serialidade das vidas humanas sucessivas.

Verdade. A maturidade consciencial expõe, com lógica, que toda verdade relativa de ponta, quando magna, é precedida por 3 ocorrências de discernimento, muito além da boa vontade e da boa intenção:

1. **Entropia.** Provoca *antes* a expansão da entropia (autodesorganização, indisciplina pessoal) próxima, para *depois* diminuir a entropia em geral.

2. **Estresse.** Gera *antes* estresse doentio, incômodo, a crise de crescimento dentro do imediatismo no aqui-e-agora multidimensional, para *depois* gerar estresse pessoal, sadio e libertador.

3. **Neofobia.** Irrita *antes,* dentro da condição da neofobia instintiva (o medo quanto às coisas novas, de vanguarda), para *depois* aumentar a neofilia evoluída ou o gosto e a gratificação pelas descobertas evolutivas, o ânimo e a motivação para o autoconhecimento disciplinado.

Procedência. A tenepes é a única técnica mais eficaz – conhecida e exercida por este autor em cerca de meio século de experiências parapsíquicas, e, agora, decodificada tecnicamente – para manter o ser humano (conscin) ligado à sua procedência consciencial, evolutiva, extrafísica, além da troposfera terrestre, e sem sujeições espúrias a quaisquer causas temporais ou intrafísicas.

VIVEMOS QUAIS FORMIGAS OU JOANINHAS SOBRE A CASCA DA LARANJA DO PLANETA TERRA.

Soma. Em geral não cogitamos, na vida prática, quanto à nossa procedência real, de onde viemos, o que estamos fazendo ou devemos fazer por aqui, e para onde vamos com os nossos esforços, vidas ou destinos, depois da desativação inevitável do corpo humano.

Saída. Temos de sair intrafísica e extrafisicamente da superfície deste Planeta, a fim de sustentar a evolução de cada um de nós e de todos nós, em nosso atual nível evolutivo.

Pré-kundalini. Quando o homem chegou à Lua, a primeira coisa que fez foi pôr a *pré-kundalini* na superfície ou na *casca* do satélite, fazendo a foto célebre da pegada do astronauta no satélite terrestre.

Formigas. Essa pegada do astronauta é uma prova cabal de que temos a tendência de viver na condição de consciências troposféricas, *quais formigas sobre a laranja.*

Cosmos. Que este volume ajude você a deixar esta *laranja* partindo para o imenso *pomar* do Cosmos, através da maxifraternidade. Estes são os votos do

Autor

EDITARES®
EDITORA DA CONSCIENCIOLOGIA

1. DEFINIÇÕES

Definição. *Tenepes* (*t*arefa *ene*rgética *pes*soal) é a transmissão de energia consciencial (EC), assistencial, individual; programada com horário diário, da consciência humana, auxiliada por amparador ou amparadores; no estado da vigília física ordinária; diretamente para consciexes carentes ou enfermas, intangíveis e invisíveis à visão humana comum; ou conscins projetadas, ou não, próximas ou à distância, também carentes ou enfermas.

Sinonímia. Eis 9 expressões empregadas para caracterizar a prática da tenepes:

1. *Megadesafio* para o ser humano.
2. Passe energético no *paciente desconhecido.*
3. *Passes para o escuro.*
4. *Passividade parapsíquica* solitária.
5. *Psicogrupo unitário.*
6. *Semipossessão benigna assistencial.*
7. Serviço da *compensação energética.*
8. *Sessão energético-anímico-parapsíquica* individual.
9. *Sessão parapsíquica* ou mediúnica do eu sozinho.

A PRÁTICA DA TENEPES É PRESTAÇÃO DE SERVIÇO ENERGÉTICO-ASSISTENCIAL NÃO-REMUNERADO.

Vínculo. A tarefa energética pessoal é fundamentada em um vínculo consciencial da *minipeça humana* (homem ou mulher) ao *maximecanismo* (equipe com estrutura de origem extrafísica magna) *assistencial,* multidimensional.

O PRATICANTE DA TENEPES É UM PIÃO INTERDIMENSIONAL.

Denominações. Quem desenvolve diariamente as tarefas energéticas pessoais, nos moldes analisados neste volume, em geral recebe 6 denominações diversas:

1. *Assistente interconsciencial* diário (homem ou mulher).
2. *Energizador* ou energizadora consciencial.
3. *Epicon* autoconsciente (homem ou mulher).
4. *Passista para o escuro* (homem ou mulher).
5. *Pião interdimensional* (homem ou mulher).
6. *Praticante da tenepes* (a expressão mais comum que significa, aqui, **o** praticante-homem ou **a** praticante-mulher).

Mó. Busquemos entender com lógica: o praticante da tenepes, na qualidade de epicon, interconsciencial, é a *mó do moinho* do trabalho no maximecanismo energético, multidimensional, assistencial.

2. HISTÓRICO DA TENEPES

Histórico. A tenepes instintiva, fetal, empírica e sem técnica sempre existiu de maneira esboçante entre as consciências humanas despertas para a multidimensionalidade, desde tempos imemoriais, práticas estas agravadas e *poluídas* pelas intrusões dos misticismos, arquétipos, *lavagens cerebrais,* condicionamentos intrafísicos, sacralizações, insuficiências humanas e repressões sociais de todos os tipos culturais.

Lançamento. A tenepes foi lançada, de fato, ao grande público em 1966, conforme o registro feito no livro *"700 Experimentos da Conscienciologia"*, página 958.

Epistemologia. Do ponto de vista técnico e prático, somente a Projeciologia; e do ponto de vista epistemológico, somente a Conscienciologia; é que vieram a codificar as suas práticas de maneira racional, dinâmica e produtiva.

Religião. A tenepes existe para substituir e, com o tempo, eliminar em definitivo a necessidade da adoração instintiva ou inconsciente da fé, crença ou *religião* de qualquer natureza e suas práticas essenciais (juramentos religiosos, profissionalismos religiosos e outras), por parte da pessoa (conscin). A "religação" da consciência é feita com a sua procedência e não com um suposto "Deus" ou causa primária. A criação e o *Criador* tornam-se secundários, não importando para o imediatismo evolutivo do aqui-e-agora multidimensional. O praticante da tenepes não tem necessidade pragmática, utilitária, evolutiva, lúcida dos conceitos sobre Deus, criação ou Criador, em nosso atual nível de progresso consciencial.

Confiança. A tenepes dispensa preces, orações, misticismos, promessas e rituais abstrusos de quaisquer naturezas. Todas as práticas da tenepes dependem da organização pessoal, autossuficiência, perseverança e confiança do praticante quanto aos amparadores responsáveis pelo maximecanismo de assistência interconsciencial e multidimensional instalado.

A TENEPES É A SUBSTITUTA IDEAL PARA A ASSISTÊNCIA SOCIAL.

Assistencialidade. A assistência fundamental na tenepes é entre 2 categorias de amparadores: o amparador do *praticante* da tenepes e o amparador do *assistido* ou assistidos através da tenepes.

Objetivos. O praticante da tenepes tem objetivos mais amplos do que os seus interesses pessoais. Ele procura chegar ao domínio das energias conscienciais não para ser "grande consciência evoluída", mas para fazer assistencialidade interconsciencial eficiente.

Inevitabilidade. Por tudo o que vamos analisar, qualquer consciência conclui, facilmente, pela inevitabilidade da vivência insubstituível da tenepes, por parte da consciência humana, depois de certo nível da evolução autoconsciente.

Superintendência. Não há códigos, estatutos, leis, firmas comerciais, indústrias, repartições públicas ou instituições humanas em geral que superintendam ou fiscalizem a prática da tenepes. Suas raízes são extrafísicas ou multidimensionais.

A TENEPES É UMA PRÁTICA EXTRA-HUMANA DA CONSCIÊNCIA INTRAFÍSICA.

Extra-humanas. Existem outras *práticas extra-humanas* que nenhum órgão ou instituição humana, repartição ou autarquia, cobra impostos ou fiscaliza o praticante, por exemplo, estas 5:

1. Execução da *proéxis.*
2. *Ofiex* ou oficina extrafísica.
3. *Sinalética* energético-anímico-parapsíquica.
4. *Estado vibracional* (EV).
5. *Projeção consciente* magna.

Cosmoética. A vivência da cosmoética é o fiscal das práticas e do desenvolvimento natural da tenepes, ínsito na pessoa, através do convívio com os amparadores.

3. CONSCINS

Facetas. As várias facetas, traços, traf*o*res e traf*a*res das conscins podem classificá-las em 2 grupos básicos de 23 tipos cada um, quanto à tenepes:

CONSCINS PRÓ-TENEPES	CONSCINS ANTITENEPES
Homo amicus	***Homo animalis***
Homo arbiter	***Homo artifex***
Homo divinans	***Homo bellicosus***
Homo duplex	***Homo civicus***
Homo fraternus	***Homo competitor***
Homo habilis	***Homo erectus***
Homo humanus	***Homo eroticus***
Homo idealis	***Homo faber***
Homo informaticus	***Homo genuflexus***
Homo intellegens	***Homo hostilis***
Homo invulgaris	***Homo loquax***
Homo laboriosus	***Homo ludens***
Homo logicus	***Homo maniacus***
Homo pacificus	***Homo mercurialis***
Homo projectius	***Homo mythicus***
Homo psychicus	***Homo politicus***
Homo sanus	***Homo signifex***
Homo sapiens	***Homo sportivus***
Homo sapientor	***Homo stultus***
Homo socialis	***Homo submissus***
Homo spiritualis	***Homo supersticiosus***
Homo tecnicus	***Homo theatralis***
Homo universalis	***Homo viator***

VOCÊ É UMA CONSCIÊNCIA HUMANA PRÓ-TENEPES OU ANTITENEPES?

4. PARADOXOS

Paradoxos. Dentre as maiores demonstrações de autossuficiência da conscin destacam-se, por exemplo, 4 *técnicas conscienciológicas paradoxais,* porque se assentam em inevitáveis condições de interdependência, junto a outras consciências:

1. **Tenepes,** ou a tarefa energética pessoal, diária, prática que depende também dos amparadores.

2. **Ofiex,** ou a oficina extrafísica de assistência interconsciencial e interdimensional, cujo funcionamento avançado depende também dos amparadores.

3. **Compléxis,** ou o completismo existencial da proéxis, cuja obtenção depende de nossa relação geral com o grupo evolutivo ou grupocarma.

4. **Moréxis,** ou a moratória existencial, condição que depende do Orientador Evolutivo, até um certo grau.

NA PRÁTICA DA TENEPES, O INDIVIDUALISMO INTRAFÍSICO ATUA DENTRO DE UMA GRUPALIDADE INTERDIMENSIONAL.

5. COMPARAÇÕES

Fundamentos. Neste capítulo procuramos estabelecer algumas associações de ideias e comparações didáticas a fim de clarear e definir mais nitidamente os fundamentos das práticas da tenepes.

Cosmoconsciência. O estado físico, psíquico ou parapsíquico do praticante da tenepes durante as transmissões energéticas assistenciais, pode ser comparado a uma condição de cosmoconsciência, própria e *dentro* do estado da vigília física ordinária.

Assistencialidade. O nível percentual da possibilidade de assistência energética interconsciencial – através das ECs – que certas condições de afinizações permitem é, logicamente, bem diverso, por exemplo, numa escala crescente:

1. Casal incompleto = X.
2. Casal íntimo = XX.
3. Entrosamento praticante-amparador = XXX.

Dupla. Este quadro dos entrosamentos interconscienciais explica enfaticamente a superioridade crítica do comprometimento entre o praticante da tenepes e o amparador assistencial (2 *profissionais*) sobre a condição evoluída da dupla evolutiva (*literalmente:* sempre 2 amadores).

Multidimensionalidade. Eis 9 constatações quanto à multidimensionalidade ou a interdimensionalidade, *entre as dimensões* conscienciais:

1. **Maturidade.** A maturidade consciencial maior é interdimensional.
2. **Cosmoética.** A cosmoética é interdimensional.
3. **Carisma.** O carisma (energia consciencial) transcendente, máximo, é interdimensional.

4. **Projetabilidade.** Toda a projetabilidade da consciência é interdimensional.

5. **Universalismo.** Todo o universalismo puro com a cosmovisão maior da consciência é interdimensional.

6. **Tares.** A tares, tarefa assistencial do esclarecimento, abre as portas da vida interdimensional à conscin desperta.

7. **Policarmalidade.** A policarmalidade evoluída, além ou mais avançada do que o egocarma e o grupocarma, é interdimensional.

8. **Serenismo.** O serenismo vivido é interdimensional.

9. **Tenepes.** A tarefa energética pessoal, diária, é interdimensional.

Disponibilidade. A tenepes é a disponibilidade *pessoal* máxima para *o que der e vier* em prol da *impessoalidade* também máxima, dentro da assistência interconsciencial e multidimensional, na condição de obrigação regular, padronizada e definitiva para o resto da vida humana.

Curso. O *Curso de Extensão em Conscienciologia e Projeciologia 2* (ECP2), ministrado dentro do Instituto Internacional de Projeciologia e Conscienciologia, é uma preparação para o exercício da tenepes para o resto da existência humana.

A AUTOCORRUPÇÃO NÃO TEM NENHUM CABIMENTO LÓGICO, MORMENTE NA TENEPES.

Autocorrupção. A *autocorrupção* não pode ter vez nas práticas sadias e cosmoéticas da tenepes e, quando ocorre, leva o praticante à condição de sujeição ou vítima consciente dos seus assediadores pessoais, grupais ou funcionais.

Arbítrio. Em tese, com todo o realismo natural com que os assuntos neste *Manual* estão expostos, todas as pessoas, homens ou mulheres, apresentam algum tipo de assediador ou assediadores. Infelizmente, ninguém vive na face da Terra, até este momento evolutivo, isento dessa condição incômoda. A partir desse fato, a escolha do *melhor* ou do *pior* fica sempre dependendo do arbítrio ou da vontade do praticante da tenepes.

Amparador. Em certo nível de autocorrupção, o amparador nada mais pode fazer para se interpor assistencial e cosmoeticamente entre o praticante e os seus assediadores, a não ser fazer uma *retirada estratégica,* aguardando *melhores tempos para assistir,* deixando o cenário porque *não está agradando.* Infelizmente.

Fase. A condição patológica da autocorrupção consciente torna-se *mais aguda e dramática* durante a fase dos primeiros 6 meses das práticas do calouro ou da caloura da tenepes.

Existência. A prática da tenepes é como se fosse 1 *existência multidimensional,* temporária, lúcida, assistencial, de 50 minutos vivenciados todo dia, por todo o resto do decurso da vida intrafísica.

A TENEPES EXIGE DO PRATICANTE NÃO PENSAR MAL DE NINGUÉM.

Higiene. Sem deixar seus auto, hetero e omniquestionamentos científicos e cosmoéticos, o praticante há de preferir ver, com sinceridade, o *lado melhor* das pessoas, consciexes, ambientes, objetos, ideias e instituições, a fim de ajudar a todos, *sem ser na base da água com açúcar* e nem dentro de uma conduta demagogicamente consoladora. Essa é a *higiene cosmoética* do praticante da tenepes.

Afeição. O praticante da tenepes, com o tempo, inevitavelmente, vem a gostar ou ter muito maior afeição espontânea, real, amor fraterno para com os seus semelhantes, ou seja: a Humanidade e a Para-humanidade.

Transcendência. Os fatos assistenciais decorrentes das práticas da tenepes são didáticos, evoluídos, transcendentes demais para a consciência intrafísica acomodar-se a uma mediocridade ainda subumana ou submissa, ao *subcérebro abdominal.*

Epicon. O praticante da tenepes, com o desenvolvimento dos seus exercícios, no passar do tempo, torna-se veterano ou o epicon – epicentro consciencial – na assistência interconsciencial, através de 6 condições pelo menos:

1. **Segurança.** Ponto de segurança autoconsciente.

2. **Apoio.** Ponto de apoio interconsciencial.

3. **Arrimo.** Arrimo energético onímodo ou multifacetado.

4. **Polo.** Polo de desassédio consciente.

5. **Minipeça.** *Mini*peça autoconsciente do *maxi*mecanismo intra e extrafísico assistencial.

6. **Embaixador.** Embaixador *intra*físico do Orientador Evolutivo *extra*físico.

O ORIENTADOR EVOLUTIVO É O SUPERAMPARADOR EXTRAFÍSICO DO GRUPOCARMA.

6. *TÉCNICA DA TENEPES*

Preparação. Na tenepes, você, na condição de conscin parapsíquica, homem ou mulher, sozinho intrafisicamente, se acomoda no leito, de preferência no escuro, relaxa, pacifica a mente, e dá passividade parapsíquica e psicomotora (mental e muscular) ao amparador extrafísico, especialista na assistência interconsciencial.

Semipossessão. Sobrevem, então, o fenômeno da possessão ou semipossessão interconsciencial, parafisiológica, benigna ou sadia, para a transmissão das energias conscienciais com o praticante sentado no leito, recostado numa poltrona, ou de pé (ereto).

Monitoria. A semipossessão benigna mantém a *monitoria extrafísica* permanente por parte do amparador ou amparadores sobre o praticante da tenepes.

Local. A tenepes deve ser praticada em uma *sala às escuras,* com portas e janelas fechadas, sem instrumentos barulhentos dentro, de preferência sempre no mesmo local.

Quarto. O *quarto de dormir,* em muitos casos, é o melhor local para as práticas da tenepes.

Living. Deve ser evitada a *sala de visitas* ou o *living,* em razão da *atmosfera de praça pública,* sem privacidade, que representa.

Banheiro. É óbvio que o *banheiro,* por exemplo, não serve como local para as práticas da tenepes. Não será nem educado receber o amparador, *um dos visitantes mais ilustres* que você recebe em sua casa, justamente no banheiro, mesmo estando este limpíssimo.

Exclusividade. Quem pode, emprega até mesmo um recinto ou peça exclusiva em sua casa ou apartamento para a prática da tenepes. Isso é o ideal, mas para a maioria impraticável.

Precognitarium. A tenepes desenvolvida em um *precognitarium,* obviamente, dinamiza as precognições extrafísicas do praticante.

A TENEPES É UMA PRÁTICA INEVITAVELMENTE DIÁRIA.

Horário. A tenepes não tem relação com a semana, sendo, portanto, uma prática diária. A assistência extrafísica anônima através da tenepes, por exemplo, dentro do chamado *horário da angústia humana,* em um período breve de 50 minutos, compreendido entre 18 e 21 horas, deve ser *diária,* sem excluir os fins de semana que trazem a *neurose de domingo* à pessoa carente, fora da rotina diuturna, obrigada a se defrontar com a *chatice* e o vazio da sua vida, em geral improdutiva do ponto de vista evolutivo.

Fixação. O horário dado acima é apenas um exemplo padrão. O horário das práticas pode ser diferente, conforme as conveniências pessoais do candidato à tenepes, desde que seja seguido rigorosamente, 50 minutos dentro de 3 horas específicas, no período diário de 24 horas. O dia tem 8 períodos de 3 horas, o praticante escolhe um desses períodos e faz dele um *horário fixo* para sempre. Exemplos: das 5 às 8; das 7 às 10; das 17 às 20; das 21 às 24 horas.

Dessoma. Importa considerar, segundo as estatísticas já existentes, que o horário das 18 horas é altamente crítico, o mais frequente, em toda a Terra, para as conscins passarem pela primeira dessoma, desativação do soma, projeção final, morte biológica, morte cerebral, falecimento, ou *a hora do óbito.*

Continuidade. Depois de iniciada, a prática da tenepes não deve ser interrompida para o resto da vida intrafísica, em razão dos assédios iniciais a que o praticante estará sujeito, mais incisivamente nos primeiros 6 meses.

Cobranças. Nesse período inicial de 6 meses, as consciexes carentes de afetividade e energias conscienciais, ou enfermas de todas as naturezas, que se habituam com o *horário fixo* de absorção de ECs, vêm *cobrar a sua cota de energia* alimentadora de suas carências, até se sentirem libertas.

Cansaço. A disciplina pessoal do praticante evitará que ele se dedique às práticas da tenepes em uma condição de cansaço, no caso, sempre inconveniente em todos os sentidos. Quando isso acontecer, o melhor será inverter o horário das práticas para o início do dia, pela manhã ou pela madrugada, depois do repouso através de vários sonos.

Verão. O horário de verão deve ser seguido normalmente pelo praticante da tenepes. Este horário é positivo para o praticante em função da temperatura. As mudanças de *fuso horário,* durante as viagens, também valem ser seguidas, evitando-se obviamente os efeitos doentios do *jetlag.*

Visitas. As visitas esperadas ou inesperadas na casa ou no apartamento do praticante não devem servir de obstáculos às práticas diárias da tenepes. Isso é resolvido pela administração inteligente de horários, esquemas e planilhas da vida comum entrosando deveres, obrigações e responsabilidades do dia a dia com os exercícios assistenciais, fixos, da tenepes. Afinal, as *disponibilidades* pessoais, sem autocorrupções, para os grandes *empreendimentos* aumentam na razão direta das *motivações* sadias da pessoa.

Comprometimento. O ideal é o candidato à tenepes já partir para a execução da prática, com todo o realismo que lhe seja possível quanto à gravidade do tentame transcendente ou multidimensional, o mais *comprometedor* a que pode se propor.

Dificuldade. O compromisso *para o resto da vida* é o aspecto mais grave e difícil nas práticas da tenepes.

Autoconsciência. Neste caso, manter-se-á autoconsciente e convicto de que esse esforço é *para o resto da sua vida intrafísica* ou, pelo menos, até que o infarte do miocárdio, o derrame cerebral ou outro acidente psicofísico invalidante, impossibilite ou afaste, em definitivo, a sua pessoa física, o seu soma e holossoma, da prestação da assistência energética, interconsciencial, direta ou indireta.

Minipeça. Esta é a verdadeira condição de *mini*peça intrafísica dentro de um *maxi*mecanismo assistencial, multidimensional, característica da prática da tenepes, e que o praticante deve entender sem quaisquer dúvidas pessoais, antes de se dispor a iniciá-la.

A AUTODESORGANIZAÇÃO IMPOSSIBILITA A EXECUÇÃO SADIA DAS PRÁTICAS DA TENEPES.

Autodesorganização. A autodesorganização impossibilita também, como decorrência, o desempenho do epicon e o desenvolvimento da sua ofiex. Isso inibe a atuação do epicentrismo consciencial, desperticidade vivida, compléxis e moréxis.

Competência. Na tenepes, a regra básica em favor do bem de todos os colegas de evolução é: *só deve pôr banca quem tenha, de fato, competência.*

Começos. A conscin *começa* a se libertar dos ciclos multiexistenciais quando *começa* a dar bons exemplos extrafísicos. A tenepes predispõe esses 2 começos simultâneos.

Trinômio. Existe um *trinômio assistencial,* interconsciencial, bem evidente, que se manifesta em um crescendo, sendo que cada componente específico depende do outro:

1. **Tacon** ou tarefa assistencial da consolação.
2. **Tares** ou tarefa assistencial do esclarecimento.
3. **Tenepes** ou tarefa energética, assistencial, diária, pessoal.

Holopensene. Tentar implantar a prática diária da tenepes pela conscin ainda muito jovem, sem os alicerces da existência bem-consolidados, em razão da *pressão holopensênica* (influência mesológica, *porão consciencial,* autoinexperiência, *subcérebro abdominal),* é o mesmo que tentar fazer uma *sessão de musicoterapia* em pleno campo de guerra. A conscin escutará a música e, ao mesmo tempo, as balas de canhão silvando em seus ouvidos, ou paraouvidos.

Viagens. Nas viagens inevitáveis da vida humana, o praticante da tenepes faz os exercícios, no horário estabelecido, onde estiver.

Fase executiva. Pelos motivos expostos até aqui, podemos entender porque a maioria dos candidatos à tenepes só se dispõe à essa prática assistencial a partir dos 36 anos de idade física, ou seja: na *fase executiva* ou exemplificativa da vida humana, logo depois da *fase preparatória* ou educacional de 1 a 35 anos de idade física, dentro do período médio de 7 décadas de vida humana.

Dupla. A dupla evolutiva pode desenvolver as práticas da tenepes no *mesmo lugar,* até na *mesma cama,* desde que *não seja no mesmo horário* ou conjuntamente.

Impossibilidades. Eis, resumidamente, 9 variáveis, ou mais apropriadamente, 9 impossibilidades reais para o desenvolvimento sadio das práticas da tenepes:

1. **Assedialidade.** Condição de vítima de assédio interconsciencial cronicificado do praticante.

2. **Autocorrupção.** Autocorrupção por parte do praticante homem ou mulher.

3. **Divórcio.** Divórcio por parte do praticante quanto ao amparador.

4. **Estagnação.** Estagnação da consciência do praticante desmotivado, uma prática de *auto-obcecação* ou mau hábito.

5. **Idolatrias.** Cultivo de idolatrias e sectarismos arraigados por parte do praticante da tenepes, uma posição calcada no *subcérebro abdominal.*

6. **Intenção.** O ato de *pensar mal* dos outros (má intenção) por parte do praticante, uma condição anticosmoética grosseira.

7. **Soma.** O soma do praticante acometido de doença grave ou invalidante.

NÃO SE PERMITEM TESTEMUNHAS HUMANAS NAS PRÁTICAS DA TENEPES.

8. **Testemunha.** O praticante permitir qualquer testemunha humana presente no quarto, cômodo ou recinto, onde desenvolve as suas práticas, ou durante as assistências através da tenepes.

9. **Volta.** O praticante desejar voltar atrás em suas resoluções assistenciais depois de iniciadas as suas práticas. A fim de se desenvolver, a tenepes há de ser encarada com inteligência, de modo definitivo, sem a possibilidade de quaisquer acordos autocorruptores ou pactos espúrios, desde o primeiro momento, ao modo de *um caminho de abnegação sem volta* ou um empreendimento libertário sem retorno.

7. ANTECIPAÇÃO DA TENEPES

Antecipação. Eis 3 condições técnicas mais propícias à antecipação útil das vivências ou práticas da tenepes:

1. **Invéxis.** A invéxis ou a condição da inversão existencial autoconsciente, pelo jovem – moça ou rapaz – interessado, é a condição factível mais conhecida, até o momento, que permite antecipar as práticas da tenepes para a *fase preparatória* da proéxis, até os 35 anos de idade física, antes da *fase executiva,* a partir (em média) dos 36 anos de idade. O (a) interessado (a), neste caso, deve recorrer aos *grinvexes* ou grupos de inversores existenciais.

2. **Itinerância.** A vivência da itinerância do colaborador, colaboradora, professor ou professora de Projeciologia e Conscienciologia, nos moldes da empregada pela administração do Instituto Internacional de Projeciologia e Conscienciologia, pode ser o prólogo, a preparação, o primeiro estágio ou a antecâmara da prática da tenepes.

3. **Recéxis.** Em certos casos de *recéxis,* ou reciclagem existencial, quando precoce, em alto nível, pode acontecer também a antecipação das práticas da tenepes. O (a) interessado (a), neste caso, deve recorrer aos *grecexes* ou grupos de reciclantes existenciais.

8. *CONTATOS DIÁRIOS*

Abnegação. O primeiro passo da abnegação do praticante da tenepes é iniciar a tarefa energética, diária, com a liberação de energias conscienciais, de modo consciente, tranquilo, o mais benigno possível, em favor de todos aqueles que não o entenderam, que ele *não tenha tratado bem,* ou com quem se desentendeu de maneira antifraterna, durante as últimas 24 horas.

Contatos. Esta providência – das mais evoluídas do praticante da tenepes – consiste em perpassar pela memória a imagem das *conscins e consciexes* de todos os contatos interconscienciais do dia, de 4 tipos bem característicos, mentalizando um banho de energias envolvendo a consciência, com a intenção sincera de colocá-la em *estado de graça,* na melhor condição, ideal, possível, aos seus olhos:

1. **Contatos diretos físicos:** cumprimentos, encontros, conversas, visitas, entrevistas, companhias de veículo ou condução, e outros.

2. **Contatos indiretos eletroeletrônicos:** telefone, interfone, fax, meios eletrônicos, e outros.

3. **Contatos indiretos mentais:** cartas escritas, telegramas, evocações conscientes e inconscientes, reminiscências, e outros.

4. **Contatos diretos extrafísicos:** encontros extrafísicos por meio de projeções conscienciais lúcidas, e outros.

Assinaturas. Esta providência de *assepsia das emoções* quanto aos contatos diários constitui a limpeza das assinaturas pensênicas *sujas* ou borradas, deixadas pelos rastros do praticante, durante as últimas 24 horas, por onde passou.

Bom humor. Tal assepsia predispõe a condição pessoal do bom humor do praticante desde o início de cada dia.

9. VIVÊNCIA

A TENEPES É A VIVÊNCIA MÁXIMA DE TUDO O QUE SEJA SADIO PARA AS CONSCIÊNCIAS.

Vivência. A tenepes é o *exercício por atacado*, de uma vez, de modo permanente e de tudo o que a consciência sabe, ou especificamente de 7 fatores:

1. **Discernimento.** Possibilita ao praticante alcançar com discernimento a execução da proéxis, do compléxis e até da maximoréxis.

2. **Holochacralidade.** Oferece à consciência humana os meios de instalação do campo energético mais denso e permanente, ou a *névoa* sutil ou densificada, além da aura humana, vista por qualquer pessoa disposta, sobre homens, mulheres, meninos e meninas, nas mais diversas circunstâncias humanas.

3. **Holomaturidade.** Predispõe atingir a maturidade integrada, além da maturidade biológica e maturidade psicológica.

4. **Mentalsomática.** Faculta ao praticante o emprego em nível elevado dos atributos conscienciais, potencialidades individuais e mais de uma inteligência pessoal ao mesmo tempo (todos temos vários módulos de inteligência).

5. **Multidimensionalidade.** Conduz a conscin à desperticidade inevitável.

6. **Parapsiquismo.** Permite ao interessado ou interessada chegar à *pangrafia lúcida*.

7. **Praticidade.** Aponta os meios e os recursos para a execução vivencial mais raciocinada dos atos humanos e manifestações extrafísicas, enquanto na vida física, a fim de a conscin se aproveitar da dinâmica da consciência quanto à sua evolução mais lúcida.

10. SENSAÇÕES NA TENEPES

Sensações. Depois da atuação inconfundível de outra consciência extrafísica sobre os veículos de manifestação – no caso, o soma (corpo humano), o holochacra (corpo energético) e o psicossoma (corpo emocional) – da conscin praticante da tenepes; podem sobrevir, pelo menos, 33 ocorrências de vivência pessoal indiscutível, aqui enumeradas, no período preliminar ou inicial do *praticante-calouro* da tenepes, quando ele *levanta a poeira energética e multidimensional* em torno de si e de seus entes ou realidades mais queridas (homens, mulheres, meninos, meninas, subumanos, plantas e consciexes em multiformes níveis evolutivos):

01. **Assincronizações.** A interferência de assincronizações efêmeras entre os sons e as aspersões energéticas se deve à dificuldade da semipossessão benigna, ou ao entrosamento entre a mente da *conscin praticante* e a *consciex amparadora* responsável pela transmissão. O *amparador-possuidor* comanda, por exemplo, um braço e o *praticante-possuído* comanda o outro braço.

02. **Sincronizações.** Os sons das vibrações rítmicas na cabeça, durante as descargas energéticas, são sincrônicos com os movimentos de aspersões energéticas através dos braços e das mãos.

OCORRE O APERFEIÇOAMENTO INCESSANTE NAS TRANSMISSÕES ENERGÉTICAS DA TENEPES.

03. ***Chacras.*** Depois de vários anos, os exercícios regulares, que não são sentidos como sacrifícios, mas diariamente aguardados com alegria íntima ou júbilo sincero, fazem o praticante perceber, no estado da vigília física ordinária, os chacras, notadamente 4 deles, ao mesmo tempo:

A. **Sexochacra.** O sexochacra latejante como se o praticante estivesse sentado numa bola de fogo. É a chamada liberação da *kundalini,* muito estudada no Orientalismo. No caso, essa ocorrência é definitivamente sadia ou benigna.

B. **Umbilicochacra.** O umbilicochacra ou todo o abdome energizado no sentido para a frente. Não raro, ao contrário, parece que o abdome se amolga ou adelgaça ao modo de uma fina folha de papel.

C. **Frontochacra.** O frontochacra que parece pequeno, mas poderoso aparelho incrustado na testa, funcionante, discriminador, até uma certa distância.

D. **Coronochacra.** O coronochacra com a impressionante sensação de dissolução da cabeça.

04. **Chama.** Não raro as exteriorizações de energia consciencial podem dar a impressão de que o soma (corpo humano) torna-se enorme chama, língua de fogo de uns 3 metros de altura, quentíssima na periferia e de núcleo gelado, a crepitar para a frente e para cima, e a reverberar como se fosse um foco de luz, expandindo-se e contraindo-se em movimentos para fora e para dentro, alternadamente, sob o comando de uma força intangível, poderosa, inteligente e controlada.

05. **Lança-chamas.** Durante a semipossessão benigna, o holochacra que vitaliza mais os braços e as mãos, parece um lança-chamas aspergindo, com aparente violência, as energias conscienciais para a frente através de descargas em ritmo acelerado e constante. Todo o processo aqui assemelha-se ao funcionamento de um centrifugador-consciencial-energético-interdimensional.

AS MÃOS DO PRATICANTE DA TENEPES PODEM PARECER ASPERSORES ENERGÉTICOS.

06. **Clarividências.** Clarividências diversas nas proximidades ou até mesmo clarividência viajora, com alto nível de lucidez.

07. **Desmaterializações.** Sensação de desmaterialização dos dedos das mãos e das próprias mãos.

08. **Entrosamento.** A primeira descarga energética, mais *receptora* para o conjunto praticante-transmissor extrafísico, do que *doadora* para a consciência receptora (consciex ou conscin projetada), estabelece o *entrosamento parapsíquico.*

09. **Experiências.** O acúmulo das experiências diárias com a tenepes, é óbvio, melhora as performances e desempenhos do praticante dedicado e, com o tempo, os amparadores trazem consciexes enfermas mais perturbadas para abordá-lo diretamente no estado da vigília física ordinária ou mesmo quando se projeta com lucidez, fora do horário específico da tenepes. Ele atua, no caso, na condição de *isca assistencial consciente,* intra e extrafisicamente. Nesta altura, o *rapport* físico-extrafísico se intensifica e os resultados das transmissões energéticas melhoram até patamares inimagináveis.

10. **Extras.** Chegando o praticante da tenepes a um grau elevado de afinização com a consciex amparadora, transmissora, *titular,* mais permanente, de ECs, podem sobrevir exteriorizações energéticas extras ou emergenciais, ou seja: antes (principalmente), no período pré-tenepes, ou depois, no período pós-tenepes, diário, das transmissões, em momentos ou circunstâncias inesperadas. Isso acontece sem forçar física ou psiquicamente o praticante, mas de modo agradável, enriquecedor, saudável – que jamais trará qualquer conotação assediadora ou prejudicial – visando a atender consciexes enfermas em uma conjuntura crítica ou emergencial.

11. **Fenômenos.** A expansão do holochacra caracteriza os fenômenos sadios do *balonamento* e da *automicroscopia.*

12. **Frio.** Sensação de ar frio, mais nas mãos, podendo, no entanto, tomar todo o corpo humano ou mesmo gelar o ambiente do quarto do praticante, independentemente da temperatura ambiental.

13. **Holochacra.** Durante as transmissões energéticas, às vezes o soma parece menor ou menos volumoso, devido à expansão do holochacra exteriorizado *(megabalonamento).*

14. **Intensidade.** Eis um princípio prático: quanto *mais intensas* sejam as transmissões energéticas, *maior o bem-estar* do praticante no período de minutos ou horas, posterior às transmissões (período pós-tenepes).

15. **Intervalos.** O breve intervalo de tempo entre 1 transmissão energética e outra, serve para refazer fisiologicamente o praticante, reajustar

o entrosamento praticante-amparador, bem como substituir a consciência receptora à frente ou à distância, sempre que necessário. O amparador, nesse período, em geral não perde o controle parapsíquico-mental-energético do processo. As sensações intensas do praticante podem desaparecer nos intervalos entre 1 descarga energética e outra, permanecendo ele na condição de *semipossuído* por parte do amparador durante as transmissões, e *semilivre* nos intervalos.

16. ***Imagens.*** Nessa oportunidade, surgem imagens de força, inspiradas pelos amparadores, como, por exemplo, estas 3:

A. **Galáxia.** A criação inicial incandescente de um sistema solar.

B. **Usina.** A *corrida do aço* de um alto forno de usina.

C. **Vulcão.** O mar de lavas vivas de um vulcão em erupção.

17. **Máquina.** Frequentemente, durante as transmissões energéticas, o praticante parece ouvir o pulsar de imensa máquina, como se estivesse com o corpo unificado, ou seja: o todo de seus veículos conscienciais (holossoma), acoplado a potentíssimo dínamo invisível, servindo de peça intermediária *(passe-partout)* a desconhecida máquina extrafísica.

18. **Oitava.** Em geral, uma descarga energética entre as 11, por exemplo, a oitava, pode ser perceptivelmente mais intensa ou mais potente do que as demais, em função dos trabalhos assistenciais em desenvolvimento.

AS TRANSMISSÕES SE FAZEM POR ONDAS DE ENERGIAS CONSCIENCIAIS EM GERAL INTERMITENTES.

19. **Ondas.** As transmissões, nas práticas da tenepes se fazem por ondas de ECs bem caracterizadas, percebidas pelo praticante, em geral de forma intermitente e não-contínua. As ondas de energias contínuas, quando ocorrem, denunciam uma circunstância terapêutica crítica ou uma injunção desassediadora singular, e tende a serem efêmeras, à semelhança de um pico extraordinário ou esporádico de exteriorização de energias assistenciais.

20. **Projeções.** Projeções conscienciais lúcidas de modalidades e consequências práticas, úteis, para os assistidos e o praticante, as mais diversas.

21. **Pruridos.** Um dos primeiros indícios da manifestação dos fenômenos de efeitos intrafísicos, mas parapsíquicos, ou exteriorização indiscutível de ectoplasma, é o surgimento não habitual de pruridos nas mucosas nasais, ou mais claramente, coceiras inoportunas no interior das fossas nasais, apenas durante as práticas da tenepes. Isso se deve à saída inicial de ectoplasma através das mucosas dos orifícios do corpo humano.

22. **Psicofonia.** O monólogo psicofônico é a fala direta da consciex comunicante (neste caso, o amparador), durante a psicofonia, para a conscin proprietária do soma, temporariamente descoincidida ou projetada (neste caso, o praticante durante as práticas da tenepes). Como se observa, o monólogo psicofônico é uma inversão transcendente e rara de condições, posições de consciências e manifestações interconscienciais.

23. **Pulsações.** Pulsações energéticas cerebrais. Importa observar que fisiologicamente o cérebro não pulsa por si, por exemplo, igual ao coração. Neste caso, as sensações bizarras são mesmo de *pulsações* dentro da cabeça. Relativamente a essas sensações e à maioria das referidas aqui, somente tendo as experiências, pessoalmente, é que o praticante pode aquilatar melhor os seus detalhes e efeitos sadios, com o tempo e a expansão da sua desenvoltura nas práticas assistenciais.

24. **Qualidade.** O tempo não representa fator relevante nas descargas energéticas, importando muito mais a qualidade e a potencialidade das energias conscienciais transmitidas.

25. **Ritmos.** Não raro, o ritmo intenso e variado das descargas energéticas, os movimentos físicos, e as contrações musculares não alteram praticamente em nada o *ritmo cardíaco* do praticante. Tal fato, por si só, constitui fenômeno subjetivo, concomitante, à parte.

26. ***Independência.*** A rigor, a frequência – sempre perceptível – das transmissões energéticas do praticante, não se subordina a estas 4 variáveis:

A. **Volição.** Nem à sua *vontade* ou à volição, incluindo-se, aqui, a intenção ou intencionalidade.

B. **Circulação.** Nem aos seus *batimentos cardíacos* que mantêm a circulação sanguínea, sendo a área mais exigente e importante a correspondente aos dois hemisférios cerebrais.

C. **Respiração.** Nem à sua *frequência respiratória* que mantém a sua *alimentação de oxigênio,* em conexão direta com o cardiochacra.

D. **Tempo.** Nem ao andamento dos *segundos do relógio* comum que marca o tempo cronológico ou humano.

27. **Ordenações.** Tudo acontece sob a superintendência das ordenações parapsíquicas ou energético-anímico-mediúnico-motrizes da consciex transmissora básica, não obstante todo o conjunto de transmissão parecer estar acoplado a poderosos aparelhos extrafísicos ainda desconhecidos neste estágio de nossos conhecimentos de vanguarda. Podem ocorrer 4 a 5 ritmos de *transmissões energéticas,* bem diferentes uns dos outros, numa só sessão assistencial de 10 transmissões básicas.

28. **Soma.** Mudanças nas posições do soma deitado no leito.

29. **Sons.** Os sons das vibrações geradas pelas energias conscienciais, passando pela cabeça do praticante da tenepes, podem parecer que saem através dos braços e mãos quais tambores batidos com inteligência ou a repetição cadenciada de um *mantra,* palavra única não pronunciada, mas escutada repetidamente, com aceleração menor ou maior.

30. **Torpor.** Entorpecimento notadamente do rosto e dos lábios.

31. **Transmissores.** Os transmissores energéticos extrafísicos, ou amparadores, podem se alternar, em serviço, numa só sessão assistencial, e a conscin-praticante-projetor consciente perceberá o revezamento e as mudanças técnicas caracteristicamente individuais, inconfundíveis. O *parassinal* de homem ou de mulher não raro é bem peculiar.

32. **Vivências.** Muitas *sensações inespecíficas e vivências* físicas e *parapsíquicas* em um constante crescendo de limites indefinidos ou desconhecidos, até o momento, por todos nós, podem ocorrer durante as práticas da tenepes.

PODEM OCORRER FENÔMENOS PARAPSÍQUICOS CONCOMITANTES ÀS PRÁTICAS DA TENEPES.

33. **Concomitantes.** Chamam a atenção do praticante 2 fatos como exemplos de fenômenos parapsíquicos concomitantes:

A. **Taquicardia.** A movimentação física, intensiva e extrema dos braços sem o surgimento de taquicardia ou descargas maiores de adrenalina na corrente circulatória. Um fato ainda obscuro, aparentemente antifisiológico.

B. **Digestão.** A aceleração inesperada da digestão em certas circunstâncias emergenciais de assistência.

11. CONEXÕES SEXUAIS

Energética. Será sempre melhor o praticante da tenepes não esquecer 4 realidades quanto às energias das consciências:

1. **Vida.** Vida, em qualquer dimensão, é assistencialidade interconsciencial.
2. **Assistencialidade.** Assistencialidade interconsciencial é ou significa energética, *bio*energética e *para*energética.
3. **Embriologia.** A vida é energética e tem seu começo, na Terra, pela Embriologia ou através do ato sexual (energia e adrenalina).
4. **Predomínio.** A vida humana é, portanto, predominantemente holochacral.

Holochacra. O holochacra é o paracorpo energético ou das energias conscienciais pessoais ou de cada indivíduo macho ou fêmea. O holochacra é o paracorpo da *pré-kundalini,* da *kundalini,* do sexochacra (sexossoma).

Conexões. Há 2 conexões do holochacra:

1. **Miniconexão.** A *mini*conexão no soma ou corpo humano.
2. **Maxiconexão.** A *maxi*conexão, mais importante, no psicossoma.

Trinômio. As 2 conexões do holochacra constituem o trinômio *soma-holochacra-psicossoma,* dentro do holossoma ou o conjunto dos veículos de manifestação da consciência humana ou conscin.

Dessoma. O rompimento da miniconexão holochacral acarreta a dessoma, ou a morte biológica do soma.

Sexossoma. A personalidade humana integral só se constitui na condição de conscin *sexuada,* com a identificação, aceitação e vivência do instinto sexual básico.

A CONSCIÊNCIA HUMANA ASSEXUADA É UMA PERSONALIDADE DEFICIENTE ENERGÉTICA.

Deficiência. A conscin *assexuada* também pode ser interpretada por personalidade humana *deficiente holochacral.*

Sexo. Sem a maxiconexão *ativa* do seu holochacra no psicossoma, a conscin torna-se *assexuada.* Neste caso, não consegue desenvolver fluentemente a tenepes. Somente a prática do sexo diário consegue manter a maxiconexão *ativa* da conscin *sexuada.* A tenepes com a sexualidade madura da prática do sexo diário é a tenepes em desenvolvimento, independente do sexo ou da idade física do praticante.

Vinda. O fluxo das energias conscienciais ocorre mais intensamente do psicossoma para o soma, entre 1 e 35 anos de idade física, para a pessoa com idade média de 7 décadas. Esta é a *vinda da EC* ou a *entrada* vitalizadora da consciência na intrafisicalidade.

Volta. O fluxo das energias conscienciais ocorre mais intensamente do soma para o psicossoma, entre os 36 e os 70 anos de idade física. Esta é a *volta da EC* ou o *retorno* da consciência à sua procedência real, extrafísica.

A TENEPES SEM A VIVÊNCIA DO SEXO DIÁRIO PELO PRATICANTE SÓ ALCANÇA MEIA-FORÇA.

Meia-força. A tenepes *sem sexo diário* é uma *tenepes estacionária,* que alcança somente meia-força, por que dificulta um crescimento consciencial evolutivo mais expressivo.

Advertências. Eis 5 procedimentos não recomendáveis nas práticas da tenepes:

1. **Companhia.** A mulher *sem companheiro* não consegue dar assistência nem para quem ama, como poderá fazer assistência às outras consciências, conscins e consciexes? A mulher *com companheiro* começa a assistencialidade na alcova sadia ou energeticamente blindada. Esta é uma condição completamente diferente e muito mais eficaz no desenvolvimento da tenepes. O mesmo ocorre ao homem *com* e *sem* companheira.

2. **Masturbação.** A masturbação é uma *conduta-exceção* que não deve ser empregada na condição de conduta-padrão para o resto da vida da conscin,

por que não supre as necessidades de alívio sexual com as ECs, ou a acalmia da hiperexcitabilidade sexual gerada naturalmente pelas práticas da tenepes.

3. **Sublimação.** Toda tentativa inútil de sublimação do sexo, seja qual for a natureza, é castração ou mutilação física, somática, energética, humana. Esta é mais uma condição impraticável para se manter as práticas da tenepes em desenvolvimento sadio, seguro e maduro.

4. **Menopausa.** A menopausa não pode criar a *mulher eunuca* no restante da vida dos exercícios práticos da tenepes. A fim de evitar isso, a Medicina sabe atender com eficácia aos casos de menopausa com o balanço dos hormônios e a indicação de uma vida sexual ativa.

5. **Terceira Idade.** A terceira idade ou a idade dos veteranos da vida, depois dos 65 anos de idade física, não deve criar o *vegetalismo sexual humano,* seja da mulher ou do homem. Esta é outra condição que não funciona com a tenepes, onde a vida energética é a mais intensa, duradoura ou permanente possível.

Alívio. O *congressus subtilis* sadio entre o praticante (a praticante) e o amparador (a amparadora) pode ocorrer, com iniciativa do maximecanismo assistencial, a fim de aliviar a conscin em algum período de viagem, separação ou viuvez, de modo efêmero.

Ciúmes. A dupla evolutiva há de observar seriamente os processos de ciúmes, possessividade e insegurança psicológica ou afetiva, de um parceiro em relação ao outro, quanto à assistência praticada através da tenepes. Por exemplo, se a mulher começa a manifestar ciúmes em razão dos telefonemas de outras mulheres que solicitam assistência, a ser executada pelo homem através das práticas da tenepes, ela se bandeia inteiramente e *se posiciona* do lado ou *ombro a ombro com os assediadores.* Tais assediadores não são apenas os da consciência a ser assistida, ou de quem telefona solicitando ajuda, mas também os assediadores do praticante que se empenha no desassédio, e os dela própria. O praticante da tenepes, neste caso, ficará encantoado e sentirá isso diretamente, de imediato, na *parapele.* É fácil imaginar o que pode brotar de parapatológico nessa atmosfera de desentendimento da dupla evolutiva.

Intercursos. As relações sexuais *logo antes* das práticas da tenepes não são recomendáveis em razão dos preparativos assistenciais do praticante por parte dos amparadores. Depois das práticas, as relações sexuais não apresentam quaisquer inconvenientes lógicos.

12. OPERAÇÕES ASSISTENCIAIS

Operações. Os movimentos sincrônicos, frenéticos, espasmódicos e aspersivos com os braços e as mãos, durante as transmissões energéticas, visam à assistência a conscins e consciexes, através de 3 operações distintas, em geral interligadas:

1. **Doação.** Exteriorização de *energia imanente* e *energia consciencial.*

2. **Desmaterialização.** Desmaterialização fugaz de *partes do soma* do praticante da tenepes.

3. **Ectoplasmia.** Extração da EC densa, humana, ou *ectoplasma,* exclusivamente para fins terapêuticos, ou, mais apropriadamente, paraterapêuticos.

Aspersores. Os *para*braços e as *para*mãos do psicossoma do praticante da tenepes são os aspersores energéticos, sob o comando real, perceptível, inconfundível, do amparador, o verdadeiro transmissor da energia consciencial básica.

Musculatura. Quem pratica a tenepes, dando passividade parapsíquica aos amparadores assistenciais, acaba ficando com os músculos dos braços, ombros, tórax, inclusive os músculos peitorais, mais volumosos e mais rígidos, aumentando, portanto, a massa muscular e, consequentemente, o peso corporal, em razão dos exercícios regulares, depois de algum tempo, tendo em vista a movimentação física, motora, muscular, diária.

A TEMPERATURA AMBIENTE ABAI-XO DE 20 GRAUS CELSIUS FACILITA AS PRÁTICAS DA TENEPES.

Temperatura. A temperatura ambiental abaixo de 20 graus Celsius (ou centígrados) também predispõe a intensificação das exteriorizações de energias conscienciais.

Observações. Para manter afinização, coesão, sintonia, equilíbrio, e intensificar as operações durante o estado vibracional (EV), nas grandes exteriorizações de energias conscienciais, o amparador faz observações ou dá indicações parapsíquicas oportunas, em geral irrecusáveis ou irresistíveis por parte do praticante da tenepes.

Reflexões. Dentre as indicações parapsíquicas do amparador, uma delas levará o praticante da tenepes, quando mais consciente, a refletir, inevitavelmente, em *conceitos,* à primeira vista díspares, porém relacionados por liames lógicos indiscutíveis, entre si, e o serviço assistencial desenvolvido.

Consciências. A tenepes se desenvolve através de 3 consciências entrosadas:

1. **Praticante.** A conscin *praticante* (adulta, homem ou mulher) da tenepes.

2. **Amparador.** A consciex ou o *amparador* (ou amparadores), com paravisuais de homem ou de mulher. Pode ocorrer ser esporadicamente um *superamparador* ou um Orientador Evolutivo do grupocarma.

3. **Assistido.** O *assistido* ou assistidos, consciexes ou conscins.

Encapsulamento. O *encapsulamento parassanitário* é o isolamento assistencial e a anulação energética, temporária, das manifestações pensênicas – notadamente energéticas, intrusivas ou assediadoras – de uma ou mais consciências – conscins e/ou consciexes – enfermas, ao modo dos isolamentos sanitários existentes nos hospitais de doenças infectocontagiosas com internados que apresentam alto poder de contaminação doentia, radiativa ou tóxica.

O ENCAPSULAMENTO PARASSANITÁRIO É OCORRÊNCIA COMUM AO PRATICANTE DA TENEPES.

Percepção. Nem sempre a ocorrência do encapsulamento parassanitário é percebida nitidamente pelo praticante da tenepes, porque o isolamento é patrocinado pelo amparador ou, o mais frequente, por vários amparadores em conjunto, e transcende, não raro, o universo das suas manifestações pensênicas.

Classificação. O encapsulamento parassanitário pode ser classificado em 3 tipos ou quanto às consciências, o tempo e as dimensões conscienciais:

1. **Consciências.** Quanto às consciências – conscins e/ou consciexes – o encapsulamento pode ser individual; conjugal ou de dupla; e grupal (coletivo).

2. **Tempo.** Quanto ao tempo, o encapsulamento pode perdurar por minutos, horas ou dias.

3. **Dimensões.** Quanto ao espaço ou às dimensões conscienciais, o isolamento pode abranger as consciências – conscins e/ou consciexes – de uma casa ou apartamento; de todo um edifício de apartamentos ou de toda uma vila de casas; ou até mesmo de todo um bairro ou os limites de uma região administrativa da megacidade.

Filosofia. A filosofia da assistencialidade interconsciencial, antientrópica, do encapsulamento parassanitário se baseia na premissa prática de que *muito ajuda quem não atrapalha.*

Reurbanizações. O isolamento parassanitário é um coadjutor extraordinário dos serviços das reurbanizações extrafísicas – mudanças para melhor dos ambientes e comunidades extrafísicas doentias – patrocinados pelos Serenões.

Gratificação. É gratificante e sempre reconforta o praticante da tenepes saber e ter consciência plena de sua participação nos casos de isolamentos parassanitários e reurbanizações extrafísicas, ainda mesmo sendo tão só um *tijolo diminuto na construção* – em um trabalho assistencial efetivo do *Colégio Invisível dos Serenões.*

13. AMPARADORES

Primário. O praticante humano, primário, da tenepes, seja homem ou mulher, é o que não evolui e nem muda de amparadores.

O AMPARADOR É O COPRATICANTE EXTRAFÍSICO NAS PRÁTICAS DA TENEPES.

Manutenção. O praticante primário da tenepes está sempre com o amparador tão só para a manutenção de suas tarefas assistenciais de subnível quanto às suas reais possibilidades parapsíquicas, energéticas ou multidimensionais, ainda ociosas ou inaproveitadas. Esta condição acontece por que o próprio praticante não se permite melhorar, em razão de repressões, preguiça física e mental, neofobia e outros traf*a*res ou fissuras da personalidade.

Superintendências. Quem superintende os trabalhos assistenciais multidimensionais da *ofiex,* junto com o epicon, praticante da tenepes, é um amparador (ou amparadora) diferente daquele que superintende a *semipossessão benigna* da tenepes.

Comunicação. A comunicação do praticante com o amparador é imperativa, constituindo medida insubstituível na tenepes.

Passividade. O praticante que *se cala,* durante a prática da tenepes, *comunica-se* com o amparador através da própria condição de passividade parapsíquica.

Intimidades. *Comunicação é convivência.* A intimidade com o amparador é superior – em função do holossoma – à intimidade com o *consorte* na condição do casamento convencional ou o *parceiro* da dupla evolutiva.

Parcerias. Existem 2 tipos de parcerias bem definidas quanto às intimidades interconscienciais:

1. **Simples.** A parceria, *mais simples,* dos 2 parceiros da dupla evolutiva, ou em um casamento convencional, que se faz basicamente através do *soma.*

2. **Complexa.** A parceria, *mais complexa,* do praticante da tenepes com o amparador, que se faz basicamente através do *holossoma.*

Potencialização. Assim, o praticante veterano da tenepes tem as suas energias conscienciais cada vez mais potencializadas pelo amparador que atua através do holossoma.

Sabedoria. A sabedoria dos amparadores se expressa na dosagem cosmoética justa em tudo o que fazem. Jamais *deixam faltar* o útil necessário e jamais *deixam passar* da conta, seja quanto à assistência interconsciencial, ao uso das energias conscienciais, ou quanto ao emprego dos talentos do praticante da tenepes na condição de instrumento assistencial sensível.

14. MENTALSOMÁTICA

Conceitos. Eis 13 exemplos de *ideias complexas* (Mentalsomática, o *pen* do pensene) que virão à cabeça do praticante da tenepes, conforme as suas *motivações intelectuais* mais frequentes, seus arquétipos, a qualidade e extensão do seu *dicionário cerebral:*

01. **Autogestão.** A autossuficiência da conscin.

02. **Buraco negro.** O buraco negro é o estado que a matéria atinge ao sofrer um colapso gravitacional do qual nem a luz, a matéria ou qualquer outro tipo de sinal podem escapar.

03. ***Criador incriado.*** A chamada *causa primeira.*

04. **Enésima potência.**

05. **Eternidade.** A eternidade, aqui, significa a vida que evidencia prosseguir sempre, para nós, numa sucessão alternada e constante de renascimentos intrafísicos e dessomas.

06. **Fênix.** O que é o mito do renascimento da fênix.

07. **Implosão.** A condição do *oneness,* a consciência una com o Universo.

08. **Infinito do futuro.** Após a condição da consciência livre (CL), o que acontece?

09. **Infinito do passado.** O começo de tudo.

10. **Moto-contínuo.** O moto-contínuo físico, uma roda de aço, mecânica, caricatura sem eletricidade, bateria ou qualquer outro recurso, que gira incessantemente tão só impulsionada pela gravitação.

11. **Onipotência.** A onipotência é a autoridade ou a soberania absoluta.

12. ***Poço sem fundo*** (o abismo, a voragem, o *void*).

13. **Superinfovia.** A *super-rodovia da informação* significa, aqui, o máximo da vanguarda, hoje, do universalismo intrafísico prático.

15. HOLOCHACRALIDADE

Desenvolvimento. Quanto mais evoluída seja a consciência, mais intensidade terá em sua potência energética, e menos esforço consciencial e tempo precisará para a sua completa *reposição energética* (assins e desassins).

EC. A energia consciencial, ou EC, é inesgotável ou inexaurível.

Mobilização. O fator gerador do desenvolvimento das habilidades parapsíquicas do praticante intrafísico é a fluência consciente, voluntária e sentida das suas energias conscienciais. Por isso, o ser intrafísico mais desenvolvido do ponto de vista energético, anímico e parapsíquico, será sempre aquele que apresentar o domínio da mobilização, exteriorização, absorção e manutenção do circuito fechado, autodefensivo, de ECs em si mesmo; a soltura do holochacra; a liberação projetiva do psicossoma; a memorização eficiente dos eventos extrafísicos; e outros desempenhos de igual natureza.

Reeducação. Não se desenvolve apenas um gênero de habilidade parapsíquica ou tão somente um determinado fenômeno anímico. O que se desenvolve intrinsecamente no microuniverso consciencial é a *mobilização autoconsciente das ECs,* que gera ou desencadeia todos os fenômenos parapsíquicos. Esse desenvolvimento é uma reeducação a cada *nova* existência humana, *novo* holochacra e *novo* soma.

Duração. Na tenepes, as irradiações energéticas do *início* dos exercícios chegam a durar de 50 minutos ou *até 1 hora,* dentro de um horário escolhido entre 3 horas das 24 horas de cada dia.

Descargas. Com o desenvolvimento diário das práticas da tenepes, e maior desenvoltura técnica do praticante, podem ser feitas 11 descargas de ECs, em apenas 25 a 45 minutos de 1 sessão individual.

Contrações. Cada descarga energética corresponde a 50 contrações-transmissões no mínimo. Onze descargas perfazem o total médio de 550 transmissões ao fim de cada período diário.

O IDEAL É EXECUTAR A TENEPES LONGE DO HORÁRIO DAS REFEIÇÕES.

Refeições. É necessário observar a hora e a quantidade de alimentos que o praticante ingere, pouco antes de iniciar os exercícios diários, a fim de evitar o trabalho extra de *aceleração da digestão* por parte dos amparadores. Após a prática da tenepes não há nenhum impecilho que o praticante se alimente, o que ocorre com certa frequência em razão do apetite provocado pelos exercícios físicos.

Ofiex. Em um estágio mais avançado das práticas da tenepes, os amparadores transformam a *base física* do projetor em um ambulatório médico, clínico, extrafísico, ou seja: em uma ofiex, ou oficina extrafísica dedicada à assistência a consciexes e conscins carentes.

Isolamento. A ofiex é uma espécie de isolamento sanitário de hospital extrafísico destinado a receber as consciexes enfermas temporariamente, dentro de um *bolsão interdimensional* de transição.

Períodos. Há 2 períodos bem característicos nas práticas da tenepes (veja página 31):

1. O período *pré-tenepes,* antes da instalação dos serviços assistenciais, a cada dia.

2. O período *pós-tenepes,* após a realização diária dos serviços assistenciais.

16. OBJETOS

Instrumentos. Não se recomenda deixar quaisquer tipos de instrumentos ou aparelhos ligados ou funcionando dentro do cômodo ou peça onde se pratica a tenepes, durante os exercícios, em razão dos efeitos físicos de origem parapsíquica ou ectoplasmática, por exemplo: microcomputador pessoal, telefone, interfone, TV, *bip,* vídeo com relógio digital e luzes acesas, relógio de funcionamento barulhento, e outros.

Armas. O recinto – o quarto-laboratório de dormir, *alcova energeticamente blindada,* a base física, o *projetarium,* ou a *antecâmara intrafísica da ofiex* – do praticante da tenepes, *não deve, é óbvio,* ser local para guardar armas de qualquer natureza, por exemplo, uma arma de fogo.

Lentes de contato. O praticante da tenepes deve desenvolver as suas sessões energético-anímico-parapsíquicas diárias sem portar lentes de contato sob as pálpebras. *Não é recomendável* as lentes de contato de *longa permanência nos globos oculares* do praticante no decurso das práticas da tenepes.

Prótese. Obviamente, deve-se evitar óculos, anéis, brincos, pulseiras e outros objetos temporariamente alijáveis – por exemplo, uma perna artificial (prótese) – durante as práticas da tenepes.

Menstruação. O período menstrual não afeta necessariamente a prática da tenepes à mulher, ao contrário, pode regularizar os seus sistemas hormonais através das suas próprias energias conscienciais.

DIU. *Não é recomendável* à mulher, o emprego do DIU, um corpo estranho dentro de um órgão nobre quanto ao soma e às energias conscienciais, qual o útero, no desenvolvimento das práticas da tenepes.

Gaveta. O ideal é o praticante veterano da tenepes manter uma gaveta reservada onde possa colocar exclusivamente os papéis com *pedidos, cartas, telegramas e faxes de assistência interconsciencial* à distância que, inevitavelmente, receberá, ao ficar mais conhecida a sua tarefa assistencial permanente.

Vias. Com o desenvolvimento das práticas assistenciais da tenepes, o praticante pode parecer uma *pessoa jurídica,* pois receberá solicitações por 4 vias diversas de comunicação:

1. **Correios:** o praticante recebe carta ou telegrama endereçados à sua ofiex, com solicitação de assistência à distância.

2. **CI:** Comunicação Interna dentro de uma empresa conscienciológica solicitando assistência.

3. **Fax:** solicitação de assistência através de fax.

4. **Computadores:** pedido de assistência via rede de computadores.

Registros. Uma das facetas mais sérias para a manutenção da conduta correta do praticante da tenepes é a discrição quanto aos fatos e personagens assistenciais de que participa de modo direto ou indireto, e dos quais vem a se informar. Não se deve registrar nenhum dado fenomênico que envolva os assistidos nas práticas da tenepes para se evitar *evocações espúrias.*

Vivências. Se o praticante deseja anotar suas vivências, faça isso apenas com as sensações e desenvolvimentos pessoais a fim de ampliar o autoconhecimento e a colaboração eficiente com os amparadores, sem se envolver com as patologias e parapatologias dos outros. Quem busca auxiliar, deve se manter na melhor condição de auxílio. Tal providência ajuda às desassimilações simpáticas das energias interconscienciais.

Minilanterna. Será um bom hábito conservar uma minilanterna na cabeceira da cama – sobre o *criado-mudo* – a fim de facilitar a visão interna e movimentação na escuridão do quarto onde se pratica a tenepes, notadamente depois dos exercícios diários.

Relógio. Quando possível, o melhor é dispor de um pequeno relógio digital, também sobre o criado-mudo, junto à lanterna, a fim de controlar horários e disciplinas quanto ao desenvolvimento da tenepes.

O EMPREGO DO DESPERTADOR NÃO É RECOMENDÁVEL NAS PRÁTICAS DA TENEPES.

Despertador. O ideal é fazer funcionar o próprio *relógio biológico,* capaz de despertar a pessoa na hora exata que deseja. Assim, o praticante vivenciará a sua assistência interconsciencial com discrição. O despertador pode servir, ao reverso, em muitos casos, para *convocar os assediadores* (impacto sonoro) pela irritação que provoca.

Anotações. Com o desenvolvimento dos exercícios energéticos assistenciais, o mais inteligente será manter, ainda, folhas soltas de *papel em branco* para anotações, bem como uma *caneta* de tinta azul, tipo "Futura", com a finalidade de anotar as inspiradas reflexões e ideias originais logo após os exercícios da tenepes e passá-las, posteriormente, para o arquivo no microcomputador pessoal.

A BASE FÍSICA PERMANENTE EM HOTEL NÃO É A IDEAL PARA AS PRÁTICAS DIÁRIAS DA TENEPES.

Hotel. Obviamente, a conscin que vive em um hotel, faz do seu apartamento, ali, a sua base física. Contudo, nas práticas da tenepes, a base física, definitiva e permanente, em hotel *não* é a *ideal* em razão da vida tumultuada, própria do local, com gente saindo e entrando, em geral em períodos existenciais críticos, fora do seu domicílio natural.

Paradoxos. Fazer do hotel a base física gera 3 reflexos sobre os *paradoxos* da vida do praticante da tenepes:

1. **Provisoriedade.** Ele não se apega à vida humana por que, não vive com a sensação de provisoriedade do residente-hóspede do hotel.

2. **Responsabilidade.** Sabe muito bem que está em trânsito pela existência intrafísica, sem medo da morte do corpo físico, contudo, mantém responsabilidade quanto às obrigações humanas.

3. **Proéxis.** Não está *amarrado a nada,* igual ao residente-hóspede, mas se sente *amarrado a tudo* no cumprimento de sua proéxis.

Euforia. Um dos maiores males das práticas da tenepes é justamente um dos seus benefícios: a produção da euforia no praticante. Essa euforia precisa ser contida, sem recalcamentos, a fim de não prejudicar a própria passividade autolúcida do praticante da tenepes.

17. GRUPALIDADE

Grupalidade. A tenepes não funciona em grupo de conscins porque é compromisso individual. A grupalidade em suas práticas é multidimensional, seguindo as diretrizes de um maximecanismo assistencial.

Práticas. Não apresentam os mesmos êxitos da tenepes 5 práticas assemelhadas, enumeradas aqui como exemplos de muitas outras práticas parecidas, contudo não idênticas:

1. **Culto do evangelho** no lar 1 vez por semana, prática comum no movimento espírita do Brasil.
2. **Sessão mediúnica** em grupo, privativa ou pública (desobsessão), 1 vez por semana, de várias seitas mediúnicas.
3. **Gira da Umbanda.**
4. **Irradiação** da Comunhão **do Pensamento** às 18 horas, em geral 5 minutos diários, sem compromissos rígidos maiores.
5. **Terço** (reza) da Igreja Católica.

ASSIM COMO NÃO EXISTE MEIA-GRAVIDEZ, NÃO EXISTE TAMBÉM MEIA-TENEPES.

Estacionária. A tenepes estacionária só alcança *meia-força,* (Veja página 37), o que é diferente da *meia-tenepes.*

18. CONTRAINDICAÇÕES DA TENEPES

Contraindicações. A prática da tenepes *não é recomendável* a 6 tipos de pessoas ou conscins:

1. **Apedeutas.** A quem *nunca sentiu manifestações parapsíquicas*, intraconscienciais, ostensivas, que não admite nem a discussão do assunto, ignorante quanto ao tema, ou que se perfila entre os *apedeutas parapsíquicos.*

2. **Principiantes.** Aos principiantes ou calouros quanto ao parapsiquismo (bioenergética, animismo e mediunidade), ainda não desenvolvidos até a um nível prático, individual, razoável.

3. **Miniassediados.** Às vítimas dos miniassédios inconscientes eventuais, ou seja: à *maioria absoluta* da população planetária. Uma pessoa já *super*possuída doentiamente pelo *assediador*, não pode ser *semi*possuída sadiamente pelo *amparador*. Tal fato chancela um princípio da Física, da Fisiologia, da Parafisiologia e da Conscienciologia: "2 corpos não podem ocupar, ao mesmo tempo, o mesmo espaço, na mesma dimensão".

4. **Descontrolados.** Às conscins parapsiquicamente deseducadas, que não conseguem controlar os processos parapsíquicos dos intercâmbios conscienciais de modo autossuficiente, confortável e sadio que sofrem à aproximação de consciexes, por exemplo, mioclonias incessantes incontroláveis.

QUEM VIVE ÁVIDO POR SENSAÇÕES TROPOSFÉRICAS AINDA NÃO ESTÁ APTO PARA A TENEPES.

5. **Ávidos.** Às conscins que ainda respiram ansiosas por sensações instintivas; de existência ainda não assentada quanto às suas pretensões e aspirações humanas; em geral até os 35 anos de idade física, ou na *fase preparatória* para a execução da proéxis. Quem deseja praticar a tenepes só depois que alcançar 2 milhões de dólares na conta bancária, está perdendo o tempo por que jamais vai conseguir bons resultados assistenciais com as práticas.

6. **Crianças.** Evidentemente, as práticas da tenepes não são recomendadas para crianças de ambos os sexos, em qualquer idade infantil, mesmo se superdotadas parapsiquicamente.

19. TESTE DA TENEPES

Teste. O Capítulo 345 do livro *"700 Experimentos da Conscienciologia"*, traz um teste sobre a tenepes aqui reproduzido, em suas linhas gerais, a fim de clarear mais os assuntos.

Evolução. A consciência somente evolui mais depressa quando ajuda as outras consciências a evoluírem. Isto resume a dinâmica evolutiva que atinge a todos nós.

Consciencioterapia. A prática diária da tenepes implica na renovação íntima inevitável da conscin. Torna-se incompatível ao praticante da tenepes, manter estes 30 hábitos ou posturas anticosmoéticas:

01. Apelar sempre para mancias e adivinhações em suas decisões no dia a dia.
02. Bater na madeira quantas vezes sejam, escravo de uma superstição irracional.
03. Carregar um badulaque ou patuá dependurado no pescoço ou na camisa.
04. Chorar habitualmente uma vez por semana, sob alta insegurança e insatisfação.
05. Colecionar, ingenuamente, armas de fogo: uma autoimprudência primária.
06. Cultivar a gurulatria de qualquer tipo ou uma autossujeição consciencial.
07. Cultivar um posicionamento pessimista e cronicificado perante o Universo.
08. Fazer promessas irracionais, ou seja: não confiar na Multidimensionalidade.
09. Fumar: um vício primitivo e bloqueador irreparável das energias conscienciais (ECs) do cardiochacra.
10. Funcionar profissionalmente a serviço de matadouro de animais, ou abatedouro de aves.
11. Manter capela, altar ou congá dentro de casa, sob o jugo de misticismos infantis.
12. Manter o peso corporal excessivo (obesidade psicológica), aumentado por bulimia ou vida sedentária.

13. Passar por noitadas promíscuas várias vezes a cada mês (assedialidade).
14. Pensar e se preocupar tão somente com a sua família nuclear *(megaegocarma).*
15. Praticar, por exemplo, o *tiro aos pombos* ou a condição da zooconvivialidade patológica.
16. Seguir com uma vida intrafísica desregrada ou essencialmente desorganizada.
17. Sentir insegurança, manifesta ou transparente em seus atos, na vida cotidiana.
18. Ser motociclista, sob o alto risco energético da vida locomotora do motoqueiro.
19. Ser partidário ou apologista, mesmo sincero, da legalização da pena de morte.
20. Ser usuário, doente, de álcool ou drogas em geral, tanto leves quanto pesadas.
21. Sofrer miniassédios inconscientes e habituais, contudo evidentes para os outros.
22. Ter e usar porte de arma, em uma evocação autoconsciente da matança subumana.
23. Ter existência o tempo todo improdutiva, sem nenhuma autocriatividade.
24. Ter ocupação que implique, de algum modo, em repressão de consciências.
25. Trabalhar, ainda mesmo *no pesado*, com motosserra, em qualquer zona rural (fitoconvivialidade patológica).
26. Viver em um estado de permanente insociabilidade ou em um eremitismo conventual.
27. Viver preso a uma doutrina sectária, no antiuniversalismo medíocre e medieval.
28. Viver submisso ao hábito depressivo da ingestão de *bolinhas* ou estupefacientes.
29. Viver todo o tempo sem domicílio intrafísico fixo ou em um nomadismo impulsivo.
30. Voar de asa delta: o voo livre é um esporte de alto risco, mortífero ou suicida.

Hábitos. Se você ainda mantém apenas 3 destes 30 hábitos pessoais, pode estar certo: a tenepes sadia e eficaz, ainda *passa longe* de você.

20. INDICAÇÕES DA TENEPES

Indicações. É recomendável a prática diária da tenepes, com horário marcado, tão somente a 4 tipos de pessoas ou conscins:

1. **Veteranos.** Às conscins mais ou menos desenvolvidas parapsiquicamente ou veteranas quanto às *autodefesas energéticas e parapsíquicas.*

UMA DAS FINALIDADES DA TENEPES É CONDUZIR A CONSCIÊNCIA HUMANA À DESPERTICIDADE.

2. **Desassediados.** Às conscins sem problemas de assedialidade interconsciencial *de monta,* inteiramente seguras do que fazem. Não precisa, contudo, a conscin ser ou viver qual um *desperto* ou desassediado permanente total. Muito pelo contrário. A condução da conscin à desperticidade, através da tenepes, acontece pelo *auto*desassédio consciencial gradativo, executado através do *hetero*desassédio interconsciencial diário em pacientes – consciexes e conscins enfermas – situados à distância. A tenepes é a técnica ideal de *autodefesa antiassediadora,* de caráter multidimensional.

3. **Flexíveis.** Às conscins conscientes da flexibilidade holochacral, EV, recepção e absorção de ECs, e as dezenas de manobras e desempenhos bioenergéticos já existentes, aplicáveis e exercidos na cotidianidade.

4. **Presidiários.** A tenepes, assim como as projeções conscienciais lúcidas, são especialmente indicadas para serem praticadas pelos presidiários em geral que desejarem mudar para melhor o rumo do próprio destino, incapacitados que se acham de se deslocarem fisicamente pelas próprias circunstâncias humanas restringidoras; e que atendam às especificações, traf*o*res ou traços pessoais indicados anteriormente. Em razão das próprias circunstâncias da vida, a tenepes do presidiário será de meia-força tendo em vista as características de sua vida afetivo-sexual e outras repressões.

Maxidesafio. *Há mais contraindicações* do que indicações nas práticas diárias da tenepes. Isso acontece porque a tarefa energética, pessoal, diária, é o maxidesafio energético, parapsíquico e assistencial a que uma conscin pode se predispor, para *o resto da sua existência intrafísica,* em nossa atual Socin, ainda patológica, segundo as pesquisas de ponta da Conscienciologia.

Ofiex. A tenepes é o recurso mantenedor ideal do equilíbrio e da homogeneidade energética da ofiex ou oficina extrafísica da conscin.

Autossacrifício. A tarefa energética pessoal, diária, é uma providência ou prática às vezes sacrificial, mas inigualável na dinamização da evolução do praticante e dos seus entes amados.

Restauração. Os exercícios energético-parapsíquico-assistenciais da tenepes sempre restauram energeticamente o praticante, no contato com os assistentes extrafísicos em suas *intrusões pacíficas,* ou *semipossessões sadias,* e a vivência temporária em outras dimensões conscienciais.

21. UTILIDADES DA TENEPES

Conteúdo. O melhor conteúdo prático nas aplicações dos fenômenos das energias conscienciais da pessoa ou conscin é a vivência da tenepes.

Utilidades. Existem inúmeras utilidades e aplicações holocarmicamente evolutivas da tenepes, dentre as quais estas 7:

1. **Cobertura.** A tenepes mantém a cobertura extrafísica positiva, a *concha protetora,* ou a *boa assistência* permanente, multidimensional, para a vida humana do projetor ou projetora consciente, a obtenção da *condição da supersaúde.*

2. ***Continuum.*** Os hábitos de exteriorização de ECs assistenciais podem conduzir o praticante da tenepes à centralização ou fundamentação do ego, o mais elevado estado de equilíbrio que o ser humano, ou conscin, consegue atingir. Nesse ponto, quase sempre se instala o acoplamento do seu mentalsoma ao mentalsoma de uma consciência desperta ou orientador evolutivo, na serena condição evoluída do *continuum* de tomada da consciencialidade.

3. **Hiperpensenes.** O estado ou o período de tempo das transmissões energéticas, durante a prática da tenepes, mostra-se altamente propício à assimilação de ideias novas, originais ou hiperpensenes, ao praticante atento, homem ou mulher.

4. **Parapatologias.** Uma das utilidades básicas da tenepes é sanar os distúrbios do âmbito da parapatologia do psicossoma, dentre eles as sequelas do restringimento intrafísico da consciex que passou recentemente pela dessoma. Por exemplo: a recuperação mais rápida da maturidade extrafísica para aquelas consciências que sofreram a dessoma em tenra idade física ou no período da adolescência, e que se tornam crianças extrafísicas que merecem ou precisam retornar a ser consciencialmente adultas mais depressa ou em pouco tempo. Nesses casos, as ECs troposféricas da conscin, praticante da tenepes, atuam de modo positivo com possibilidade de *rapport* maior na extração das energias ainda muito humanas, afins, remanescentes, vinculadas à consciex.

5. **Primener.** A tenepes permite ao praticante aferir a sua condição energética do dia, da semana, ou do período atual da sua existência humana, inclusive os períodos evoluídos de primener, ou primavera energética pessoal.

6. **Recessos.** Na exteriorização assistencial de ECs com horário marcado, pré-fixado, mantido com disciplina e perseverança, está a melhor técnica para o projetor consciente veterano evitar o recesso prolongado na produção desenvolta das projeções conscientes. Por outro lado, podem sobrevir recessos na tenepes, quanto à intensidade e qualidade dos serviços assistenciais prestados, à semelhança dos que ocorrem no desenvolvimento das projeções conscientes.

7. **Proéxis.** A execução regular da assistência a outras consciências desestabilizadas, através da tenepes, faz a conscin observar, inevitavelmente, com atenção e cuidado maior, o emprego do seu *holossoma* e a manutenção do próprio *soma,* em particular, e tudo o que diz respeito à sua higiene, saúde, utilização da bioenergética pessoal, autodisciplina, e à realização crescente das obrigações da proéxis.

Dimensões. As energias conscienciais atuam além do espaço e do tempo. Dentre as dimensões mais afins às possibilidades de nossas manifestações pensênicas, nas práticas da tenepes, de acordo com as consciências que se manifestam em cada uma, destacam-se 3:

1. **Troposfera** (Intrafisicalidade)**:** pré-serenão ou desperto praticantes da tenepes; minipeças assistenciais; conscins assistidas; assediadores humanos conscientes e inconscientes.

2. **Paratroposfera** (Extrafisicalidade)**:** consciexes assistidas; assediadores extrafísicos conscientes e inconscientes; comunidades extrafísicas não-evoluídas; maximecanismo assistencial.

3. **Comunidades extrafísicas evoluídas** (Extrafisicalidade)**:** amparadores; orientadores evolutivos; maximecanismo assistencial; Serenões; Consciências Livres.

22. SINTONIA

Grupo. É sobejamente conhecido, em qualquer empreendimento humano, que a EC positiva, grupal, coletiva, ou melhor, nascida de 1 grupo homogêneo e coeso de consciências transmissoras, que apresentam efetivo senso de união e afinidade marcante, quando reunidas, manifesta-se mais forte, intensa, vigorosa e curativamente, beneficiando o maior número de consciências receptoras do que a EC individual, isolada, derivada de 1 consciência apenas.

Audiência. O artista na ribalta, o orador na tribuna, o advogado no tribunal (corte), o professor na cátedra, e as conscins parapsíquicas nos estados alterados da consciência, têm conhecimento da energia emanada da *audiência viva.* Daí nasceu a prática da sessão mediúnica ou parapsíquica.

Sintonia. A "sessão parapsíquica do *eu sozinho*" é contrária, aparentemente, vai de encontro ou *bate de frente* com o preceito referido da EC grupal. No entanto, o praticante da tenepes *jamais está sozinho,* pois somente atua em profunda sintonia com amparadores, consciexes autoconscientes sadias e, excepcionalmente, de raro em raro, até conscins projetadas e assistidas por seus amparadores, quando funciona na condição de *assistente-terapeuta de consciexes.*

Fiscalização. O fato de a tenepes ser um trabalho anímico-parapsíquico com apenas uma conscin, torna a fiscalização e as defesas energéticas mais eficazes e, sobretudo, mais fáceis de serem mantidas pelos amparadores.

Manutenção. Começar um empreendimento ou destruir uma obra são procedimentos fáceis. Manter um empreendimento, através do tempo, é difícil.

União. Havendo sintonia de consciências, afinização de sentimentos elevados e coesão nos objetivos, não importa se o percentual de criaturas reunidas seja *mais de conscins* ou *mais de consciexes.* O que vale é a união que faz a intensidade da energia consciencial mobilizada com a intenção positiva, sadia, cosmoética e autoconsciente.

Tarefas. Nos objetivos mais elevados das práticas da tenepes, inclui-se, sem dúvida, o predomínio crescente da *tares,* ou tarefa assistencial do esclarecimento, sobre a *tacon,* ou tarefa assistencial da consolação.

Êxitos. Por aí se vê que há práticas da tenepes de maior ou menor qualidade, não apenas quanto a um só praticante, em diferentes períodos da vida intrafísica, como também entre os *êxitos interdimensionais* de um praticante para outro.

Singularidade. Quem experimenta uma condição singular, *top* ou ímpar, de responsabilidade maior quanto ao autoconhecimento no meio da população terrestre atual, abraçará, inevitavelmente, no tempo certo ou oportuno, as práticas da tenepes.

Condições. Eis 9 condições intraconscienciais que podem servir de unidades de medida para a classificação da singularidade referida:

1. Reconhecer os *autotrafares e autotrafores.*
2. Procurar sair do *porão consciencial.*
3. Acatar a *cosmoética.*
4. Admitir o imperativo da *maxifraternidade.*
5. Ter feito *curso intermissivo.*
6. Dispor de um *macrossoma.*
7. Praticar a *invéxis ou recéxis.*
8. Querer ampliar a sua *tares.*
9. Viver autoconsciente da sua *proéxis.*

A TENEPES É O CURSO PRÁTICO PERMANENTE DE PÓS-GRADUAÇÃO DO CONSCIENCIÓLOGO.

Reciclagem. A tenepes é a *reciclagem assistencial* básica para a conscin.

Grecex. O ideal será o dia em que um grecex seja composto tão somente por praticantes da tenepes.

23. ESTÁGIOS NA TENEPES

Período. É sempre inteligente atentar-se para o período existencial que se vive ou o patamar evolutivo do praticante com a tenepes.

Estágios. Observa-se bem claramente que existem, pelo menos, 3 estágios ou períodos bem distintos quanto às práticas da tenepes:

1. **Inicial.** O estágio da instalação das práticas da tenepes para o resto da vida intrafísica, mais difícil, perdura, em média, por *6 meses.*

2. **Manutenção.** A consolidação das práticas energético-assistenciais da tenepes ocorre dentro de um período médio de *3 anos.*

3. **Evolução.** As práticas da tenepes evoluída, *a qualquer hora,* permanentemente, sem misticismos, com *os pés na rocha* e o mentalsoma no Cosmos, em geral somente acontece após *1 década* de exercícios diários.

Especialização. No estágio evoluído das práticas da tenepes, o praticante pode apresentar desempenhos especializados, por exemplo: ocorrência sadia e mais frequente de determinado fenômeno parapsíquico; atendimento com amparador de consciexes com carências específicas; e outros.

Microminoria. Analisando todas as facetas dessas práticas assistenciais, compreendemos com lógica e isenção, porque os praticantes dedicados da tenepes – hoje em dia já em número expressivo – compõem, contudo, ainda, uma indiscutível microminoria dentro de todo o universo de projetoras e projetores, humanos, lúcidos.

24. ESTÁGIO AVANÇADO

Sinapses. A tenepes exige a criação de sinapses específicas (neopensenes), de alta qualidade em função da multidimensionalidade ou do caráter holossomático do processo, no cérebro *do* (ou *da)* praticante, o que é obtido somente em um período médio de cerca de 2 anos.

Atributos. Na autoanálise magna na condição de consciência, o praticante da tenepes há de pesquisar se consegue viver sabendo e se utilizando destes 6 atributos seus:

1. **Atemporalidade.**
2. **Imaterialidade.**
3. **Imortalidade.**
4. **Inalienabilidade.**
5. **Objetividade.**
6. **Racionalidade.**

Autoconhecimentos. A evolução da tenepes exige esses autoconhecimentos listados atrás.

Avançado. Em um estágio mais avançado, as práticas da tenepes podem ser extrafisicamente orientadas para efeitos intrafísicos ou ectoplásmicos, com estas 10 características nas manifestações:

01. **Decúbito.** Emprego da posição corporal em decúbito dorsal do praticante.

02. **Temperatura.** Queda da temperatura corporal e ambiental (ectoplasmia).

03. **Efeitos.** Fenômenos amenos de efeitos parapsíquicos ou bioenergéticos, mas intrafísicos (macro-PK).

04. **Soma.** Modificação das exteriorizações energéticas quanto ao soma, ou seja: *mais* através do tronco e da cabeça, e *menos* através dos braços e mãos.

AS PRÁTICAS DA TENEPES DEPENDEM SEMPRE DO SOMA SADIO DO PRATICANTE.

05. **Respiração.** Mudança da frequência respiratória durante as transmissões energéticas.

06. **Umbilicochacra.** Predominância evidente da atuação do umbilicochacra nas transmissões energéticas.

07. **Abdome.** Sensação de puxamento para cima, através do abdome, a cada exteriorização energética.

08. **Musculatura.** Fortalecimento da musculatura abdominal (massa muscular enrijecida e aumentada).

09. **Metabolismo.** Podem ocorrer alterações do metabolismo do praticante que sentirá maior necessidade de ingerir *glúcidos* (açúcar), em certos casos; aumento da *diurese;* ou ocorrência de *sede,* com ingestão maior de líquidos.

10. **Hipertrofia.** Cessação da hipertrofia da musculatura dos braços e ombros gerada pelos movimentos intensos e diários das transmissões energéticas anteriores.

Duração. Quanto à duração das práticas diárias da tenepes, importa considerar se as transmissões energéticas são *primárias,* assentadas nos braços, ou *evoluídas,* assentadas no tórax. Neste sentido são relevantes 2 variáveis:

1. **Braços.** As transmissões de ECs nas práticas da tenepes, estando o praticante sentado, e com o emprego preponderante da cabeça, braços e mãos, ou seja: predominando a atuação do coronochacra, frontochacra e laringochacra; se fazem com exercícios físicos maiores, mais rapidamente e a sessão da tenepes *demora menos.*

2. **Tórax.** As transmissões de ECs nas práticas da tenepes, estando o praticante deitado, e com o emprego preponderante da cabeça, tórax e abdome, ou seja: todos os 7 chacras essenciais ou primários em ação; se fazem

com exercícios físicos menos intensos, mais lentamente, e a sessão da tenepes *demora mais,* ocorrendo efeitos ectoplásmicos com frequência maior. Contudo, tudo isso é relativo pois depende das reações psicológicas do praticante em seu relacionamento holossomático com o amparador ou amparadores.

Semipossessão. Como se observa, a tenepes é uma semipossessão consciente, maior, sadia, onipresente e permanente por parte do amparador no período desenvolvido das práticas assistenciais.

Camelo. Nesse estágio avançado das práticas da tenepes, o praticante já dispõe de reservas ectoplásmicas para assistência energética maior – *parametabolismo energético* – a toda hora, ao modo da condição do camelo e seu *metabolismo hídrico* no deserto.

Desenvolvimentos. Há 2 tipos de desenvolvimentos das práticas da tenepes quanto ao emprego específico, mais predominante, dos chacras básicos:

1. **Palmochacras.** A prática da *tenepes primária* é desenvolvida através dos 2 *palmochacras* do praticante, estando, atrás, o cardiochacra. Ocorre, aqui, obviamente, antes de tudo, o *circuito holochacral clássico,* o mais comum na existência da conscin: absorvemos *energia imanente* pelos plantochacras e doamos *energia consciencial* pelos palmochacras.

2. **Frontochacra.** A prática da *tenepes avançada* é desenvolvida através do *frontochacra* do praticante, estando, acima, o coronochacra.

Superestimações. O praticante da tenepes, *ao se tornar veterano,* não mais superestima, qual ocorre com largo percentual dos componentes da Humanidade, as religiões, as ciências convencionais, as artes, as ideologias humanas em geral e os envolvimentos intrafísicos transitórios, em função das próprias realidades multidimensionais que já identificou, aceitou e, agora, procura vivenciar.

Renovação. Esta sua vida atual nunca mais será igual às outras, ou, mais apropriadamente, nem igual às suas, anteriores, e nem igual às vidas das outras consciências humanas, no que diz respeito ao ideal, ao consensual e ao prioritário inteligente quanto à evolução. Esta é uma renovação pessoal, de fato, *cirúrgica,* visceral, substanciosa.

Cedência. As elucubrações e especulações intelectuais e afetivas, dentro das teorizações no vasto campo das teorias, filosofias, poesias e ideologias, cedem lugar ou espaço consciencial para o praticante da tenepes que vivencia o que importa, prioritariamente, quanto ao seu *hoje* e à sua evolução.

Parassinapses. Os autoconhecimentos e heteroconhecimentos prioritários do praticante veterano da tenepes se assentam em suas conquistas *para sempre,* ou mais especificamente, dentro da sua holomemória, nas suas *parassinapses* do paracérebro.

AS PARASSINAPSES ATUAM DIRETAMENTE NO HOLOSSOMA DO PRATICANTE, ATRAVÉS DO MENTALSOMA.

25. VANTAGENS DA TENEPES

Praticidade. Os exercícios diários da tenepes são extremamente práticos quanto à vida intrafísica.

Vantagens. Até a conscin que pelos seus compromissos individuais, sociais, *não consegue* exercer o parapsiquismo *nem 2* vezes por semana em um grupo de estudos práticos especializados, pode praticar a tenepes, entre outras, com 14 vantagens evidentes:

01. **Periodicidade.** As práticas podem ser desenvolvidas todo dia.

02. **Isolamento.** As tarefas do praticante da tenepes podem ser alcançadas sempre estando ele sozinho do ponto de vista espacial ou intrafísico.

03. **Discrição.** As tarefas podem ser mantidas sigilosamente porque não há a presença testemunhal nem a participação de outras conscins ou animais subumanos no *laboratório* do praticante.

04. **Desinibição.** As excessivas autocensuras são eliminadas porque o praticante se vê isolado, com a sua pensenidade, em suas vivências ou manifestações.

05. **Horário.** Todos os trabalhos podem ocorrer fora do horário comercial, do calendário dos dias úteis ou feriados, e dos esquemas dos compromissos humanos, profissionais ou sociais.

06. **Local.** Tudo se passa na intimidade do domicílio, casa ou apartamento do interessado ou interessada, em um só local acolhedor – o *próprio campo* – escolhido pela dupla praticante-amparador de modo permanente.

07. **Domicílio.** O desenrolar das tarefas da tenepes acontecem sem quaisquer problemas de condução, translado ou trânsito, o que evita naturalmente os *acidentes de percurso parapsíquicos* nos períodos de tempo anteriores às práticas diárias.

08. **Informalidade.** As convenções, etiquetas, cerimônias e leis condicionadas pela Socin, ainda patológica, não raro, excessivas, componentes do *rolo compressor das inutilidades intrafísicas,* são completamente eliminadas.

09. **Independência.** A assistência interconsciencial é executada independente da presença e do juízo heterocrítico de outras conscins do grupo evolutivo, o que evita naturalmente as intrusões egoicas, interconscins, indesejáveis no caso. O praticante da tenepes há de ser autossuficiente em sua vida.

10. **Autocomprovações.** Os fundamentos da Conscienciologia recomendam que tudo que uma consciência afirmar teoricamente já deve ter comprovado na sua vida prática, em si mesma. Só é lógico aceitar as coisas e os fatos baseado na teoria e na vivência em conjunto, experimentada, dos fenômenos universais reagindo na pessoa. A holomaturidade começa por essa providência essencial. A vivência da tenepes permite as autocomprovações em um nível ímpar.

11. **Provas.** As práticas da tenepes através dos exercícios oferecem, além de outras, para o próprio praticante, 7 provas definitivas:

1. Existência do **psicossoma.**
2. Existência do **holochacra.**
3. Vivência da **multidimensionalidade** da consciência.
4. Vivência da **projetabilidade lúcida** (PL) da conscin.
5. **Sobrevivência** da consciência à dessoma.
6. Vivência do **parapsiquismo** mais evoluído.
7. Existência e coexistência assistencial com o **amparador.**

12. **Gratificação.** A gratificação que a tenepes traz é indireta, multidimensional, evolutiva.

A TENEPES É UMA EMPREITADA ASSISTENCIAL COM RENDIMENTO EVOLUTIVO DE EXCEÇÃO.

13. **Negócio.** A tenepes, se tomada na condição de *negócio assistencial,* é obviamente o melhor tipo de *franchising* (franquia) evolutivo com a multidimensionalidade para a consciência intrafísica. Você dá 1 hora, a cada dia, de assistência aos necessitados extrafísicos e intrafísicos, e recebe 23 horas de assistência energética, intra e extrafísica, dos amparadores, durante o resto da sua existência humana, ou segundo a *fórmula:*

23 X 1 ou 100% = 23 ou 2.300%

A TENEPES É O DIVISOR DE ÁGUAS NA VIDA DO PRATICANTE: ANTES E DEPOIS DA TENEPES.

14. **Divisor.** A tenepes funciona por divisor de águas na existência do praticante, que a dividirá em 2 períodos – *antes* da tenepes e *depois* da tenepes – em razão da mudança para melhor do holopensene pessoal, incluindo aí 3 realidades geográficas e parageográficas que sustentam as práticas multidimensionais:

1. **Base física,** especificamente geográfica.
2. **Alcova energeticamente blindada,** geográfica e *para*geográfica.
3. **Ofiex** ou oficina extrafísica, especificamente *para*geográfica.

26. SUTILEZAS

Sutilezas. A tenepes permanente apresenta o *paradoxo das sutilezas e ostentações* da *assistencialidade* interconsciencial sadia. Isso é percebido através de inúmeros indicadores personalíssimos, vivenciados, difíceis de serem explicados, por exemplo. Também apresenta, ao mesmo tempo, as sutilezas e ostentações da *assedialidade* doentia percebida através de objetos singelos, por exemplo: blusa com desenhos de escafandros da conscin assistida bitolada; plantas em vasos, sensoriados a distância, carregados de energias conscienciais doentias.

Complexidades. Evidentemente, tais fatos *singelos* ou mensagens silenciosas, porém com imenso conteúdo significativo tão somente para quem vivencia, são muito *complexos* nas análises de sua transcendência a maior. Só *o* (ou *a*) praticante veterano *(a)* da tenepes poderá compreender tais particularidades personalíssimas.

Espontaneidade. Quem se inicia na tenepes não deve se preocupar com esses fatos paradoxais *sutis-complexos.* É melhor deixar que surjam espontaneamente com o tempo e o acúmulo das experimentações assistenciais. Será inteligente, no entanto, registrar os fatos, datas, circunstâncias envolvidas e consequências sadias em tudo o que se passa, a fim de o praticante evoluir em seu autoconhecimento quanto à sinalética energético-anímico-parapsíquica, o *parapsiquismo impressivo* e a sofisticação do monitoramento assistencial que recebe devotadamente o tempo todo.

Variáveis. Nas práticas da tenepes interessam sobremaneira, dentre muitas outras, 21 variáveis: acoplamento áurico; base física; campo energético instalado; cérebro; cosmoconsciência; cosmoética vivenciada; desperticidade lúcida; dimener; energizador lúcido; epicon; homeostase holossomática; homeostase orgânica; multidimensionalidade; ofiex; paracérebro; parapsiquismo em geral; sinalética bioenergética; soltura holochacral; troposfera terrestre; vida alternante lúcida; vida energética.

27. HÁBITOS DIÁRIOS

Hábitos. Eis 5 hábitos assemelhados, ou 5 sessões diárias ou de *todo dia,* recomendadas com lógica na administração das práticas da tenepes, bem como a fim de se desenvolver o autoconhecimento através da Conscienciologia:

1. **Roupas.** Mudar as *roupas pessoais* (trajes) todo dia (sessão social ou sociabilidade).

2. **Banho.** Tomar *banho* todo dia (sessão *higiênica* diária do soma).

3. **Refeições.** Ter *refeições* – uma *quente,* pelo menos – todo dia (sessão gastronômica ou sobrevivência do soma).

4. **Sexo.** Fazer *sexo* todo dia (sessão *sexual* diária), o que implica na existência e no *contato energético* mais íntimo e intrafísico com outra conscin.

5. **Tenepes.** Praticar a *tenepes* todo dia (sessão *assistencial* diária), o que implica no *contato energético* mais íntimo e multidimensional com outra consciex – o amparador – e outras consciências eventuais, assistidas.

Vício. Quanto à prática do sexo diário que, segundo as estatísticas, atinge a 10% da população da cidade de São Paulo, é bom lembrar a afirmação do escritor patrício, *Érico Veríssimo:*

"O pior dos vícios sexuais é a abstinência".

28. NUDEZ

Nudez. Partindo do princípio de que a prática da tenepes se desenvolve com a conscin, na qualidade de praticante sozinho e isolado, da exteriorização de ECs; e, desde que observe a ausência de *correntes de ar* no local, a *temperatura* ambiente adequada, e a utilização correta no momento do *condicionador de ar,* a fim de não contrair um resfriado; ele pode se apassivar parapsiquicamente para os amparadores assistenciais permanecendo inteiramente nu, com toda a naturalidade, sobrevindo daí 2 fatos:

1. **Amparadores.** Os amparadores têm autoconsciencialidade evoluída, analisando a vida através da óptica da multidimensionalidade, empregando o psicossoma, e não se importam com a nudez do praticante.

2. **Assistidos.** Contudo, a nudez do praticante pode afetar as reações das consciexes assistidas, de visual masculino ou feminino – não vem ao caso – doentias, troposféricas, *parapsicóticos pós-dessomáticos* ou que se despertam extrafisicamente em função das próprias transmissões energéticas da tenepes, cujas consciências ainda se acham profundamente envolvidas pelos condicionamentos, repressões, *lavagens cerebrais,* bitolamentos e sacralizações intrafísicas.

29. *ASSINS*

Assins. As assins, ou assimilações simpáticas por afinidade, boa intenção, e ascendência energética de doenças, distúrbios ou afecções de certas conscins-pacientes, podem ocorrer nas transmissões energéticas da tenepes, seja de modo consciente ou inconsciente por parte de ambos: o *praticante-assimilador* e o *paciente-assimilado.*

Remissão. A remissão definitiva dos sintomas e sinais da conscin-paciente, após algum período de horas, dias, ou até semanas, das transmissões energéticas, é que revela, em muitos casos, a ocorrência das assins.

Causa. Sempre que acontecem, tais assins são benignas, sem consequências negativas, mas intencionais, desencadeadas pelos próprios amparadores assistenciais, com bases nas possibilidades individuais maiores de descarte dos distúrbios pela condição de *fortaleza energética* por parte do praticante energético-parapsíquico, transmissor veterano, que, no entanto, pode identificar a *assim,* logo que a mesma se instala.

Mitridatismo. Até que ponto a fortaleza energética ou a *aura protetora* adquirida pelo praticante da tenepes não é uma espécie de mitridatismo? Esta condição é a imunidade contra os venenos, a qual se adquire mediante absorção de pequenas doses deles, gradualmente aumentadas. Os fatos indicam que o praticante veterano da tenepes torna-se, com o passar das experiências acumuladas depois de uma década, por exemplo, um *mitridatizado,* ou seja: imunizado quanto às energias conscienciais doentias, troposféricas, dos assediadores, no rumo da vivência da desperticidade. O mitridatismo energético, adquirido no serviço assistencial, é passo inicial decisivo para a conscin se libertar da serialidade das existências humanas.

AS PRÁTICAS DA TENEPES NÃO DÃO RESSACAS ENERGÉTICAS.

Distúrbios. Exemplos típicos de assim, ou assimilação energética das condições patológicas do soma-holochacra-psicossoma de um enfermo é o da conscin acometida por alterações em 1 membro, seja uma perna que vem apresentando já por longo tempo, dores, edemas, dificuldades de locomoção, e outros distúrbios, sobre os quais já se tentou todos os exames, diagnósticos e terapêuticas convencionais inutilmente, distúrbios esses que desaparecem com as transmissões energéticas da tenepes, inclusive tão somente à distância.

Isca. A *assim* é o efeito mais avançado da condição de isca consciencial assistencial anímico-parapsíquica, com 3 fundamentos:

1. Estado de *rapport* ou de afinização.
2. Existência das *energias conscienciais* (ECs).
3. Fenômeno do *acoplamento áurico.*

Terapêutica. A assedialidade, neste caso, não é um episódio de assédio interconsciencial como entendemos. A ocorrência é, antes de tudo, terapêutica e não-patológica, embora derive – em número expressivo de casos – de assedialidade crônica e práticas sincréticas de muitas seitas.

Responsórios. As práticas chamadas popularmente de *responsos e responsórios* são executadas, positivamente, através das assimilações simpáticas de energias conscienciais.

Incêndio. O praticante da tenepes não precisa ter medo de estar trancado em seu quarto escuro e ocorrer um sinistro, por exemplo, um incêndio no edifício ou casa onde está. Os amparadores estão atentos para quaisquer irregularidades junto ou externas ao local das práticas da tenepes e avisam a tempo, antecipadamente, ao praticante. A vivência da tenepes traz autocomprovações desses fatos de evitação de acidentes de percurso naturalmente para o praticante.

30. EVOLUÇÃO DA CONSCIÊNCIA

Escala. Eis a escala da evolução da *consciência assistencial* da personalidade humana, em 10 estágios, segundo a Conscienciometria:

01. **Pré-serenão.** Conscin vulgar pré-serenona de proéxis medíocre, sem domicílio fixo.

02. **Miniassediado.** Miniassediado eventual comum quanto à assistencialidade interconsciencial.

03. **Praticante.** *Praticante da tenepes auto-organizado.*

04. **Isca.** Isca assistencial autoconsciente.

05. **Sensitivo.** Sensitivo parapsíquico de alto nível.

06. **Ofiex.** Responsável por ofiex com domicílio fixo.

07. **Epicon.** Epicon autoconsciente com instalação permanente de campo energético visível da minipeça dentro do maximecanismo assistencial.

08. **Desperto.** Desassediado permanente total ou o desperto.

09. **Completista.** Completista em relação à execução da proéxis a maior (maxiproéxis).

10. **Moratorista.** Recebedor autoconsciente de moréxis ou moratória existencial a maior (maximoréxis).

Vontade. A tenepes não é cura-tudo nem panaceia universal. Por exemplo, a tenepes não vacina o praticante contra a corrupção. Quem vacina o praticante da tenepes contra a corrupção é a vontade e a intencionalidade dele mesmo.

31. SALDO CONSCIENCIAL

Síntese. Fazendo uma síntese de todas as considerações deste texto, até aqui, alcançamos algumas reflexões e conclusões.

Evolução. Evoluir é domar completamente e empregar com inteligência maior a energia imanente.

O PRATICANTE É O PRIMEIRO E O MAIOR BENEFICIADO DAS PRÁTICAS DA TENEPES.

Paraprofissional. O praticante da tenepes é um *paraprofissional* da assistencialidade interconsciencial. Todas as outras consciências humanas assistenciais são tão somente *amadores* quanto à assistencialidade interconsciencial, se estabelecermos confrontos entre umas e outras, tendo em vista a seriedade e profundidade do engajamento intrafísico e extrafísico exigidos pelos processos da tenepes.

Megalealdade. Um dos pontos altos no desenvolvimento das práticas da tenepes é a lealdade máxima ou *megalealdade* permanente, *antes de tudo* e *acima de todas as outras lealdades,* ou a dedicação perseverante e abnegada da *mini*peça *intra*física ao *maxi*mecanismo *extra*físico assistencial, sem alienação às obrigações e deveres da cotidianidade ou vida humana comum, e também sem fanatismos, venerações, gurulatrias ou elitismos. A propósito da relação minipeça-maximecanismo é bom lembrar: *a baleia, por maior que seja, é sempre microscópica no bojo do oceano.*

Compromissos. Sendo um caminho sem volta, a tenepes é um compromisso mais forte e rigoroso do que o compromisso do *casamento tradicional,* e mais forte e rigoroso do que o compromisso da *dupla evolutiva.* A tenepes não admite divórcio. Por exemplo: é mais fácil ser campeão de boxe – um esporte radical, violento e condenado – do que praticar a tenepes em alto nível.

Consciencioterapia. A tenepes põe os *pontos nos **ii***, vai *até o osso*, e anatomiza a consciência do praticante. A tenepes é uma *enciclopédia de autoconhecimento*, uma *auto* e *hetero*consciencioterapia.

Imagística. A tenepes extrapola a imaginação, ou a imagística, as fabulações, os sonhos e as perspectivas mais transcendentes ansiadas pela consciência humana.

Conduta. A tenepes é a conduta mais desafiadora, evoluída, paradoxal ou aparentemente mais ambígua de todas a que a conscin autoconsciente pode se propor e se dedicar.

A TENEPES É A PRÁTICA PARADOXAL INTRAFÍSICA MAIS EGOCÊNTRICA-ALTRUÍSTICA QUE EXISTE.

Light. Não há e nem funciona uma tenepes *light*. Todas as suas práticas são nitidamente definidas, sem obscuridades, más interpretações ou desvios possíveis. A anticosmoética nas práticas da tenepes é um mecanismo de autodestruição evolutiva inexorável.

Ilha. O praticante da tenepes compõe uma ilha de eficiência organizada no mar da assistencialidade interconsciencial e multidimensional.

Total. Calcula-se – como suposição – que, hoje, 1995, existam *centenas de praticantes atuantes da tenepes*. Este é um número hipotético. É difícil se afirmar qualquer coisa neste sentido com relativa segurança, até o momento, tendo em vista o restrito microuniverso de nossas estatísticas.

Solidão. A prática da tenepes afasta qualquer tipo de solidão por parte do seu praticante. Ele viverá sempre com a *boa companhia* do amparador ou amparadores.

32. TEORIA DA FARTURA DE EC

Questão. Uma questão pertinente cabe muito bem aqui: por que as práticas da tenepes são possíveis hoje e não foram comuns, ou mais exequíveis, no passado da Humanidade? A Conscienciologia tem uma resposta racional para esta questão, baseada nos fatos intrafísicos e multidimensionais.

Fartura. Vivemos hoje, na Terra, dentro de uma condição ímpar, ainda não detectada fora da Conscienciologia, ou a comprovação na própria vida da *teoria da fartura de energia consciencial,* proposta por este autor.

Miniconexões. Explica-se a *fartura de EC* pelo aumento, como nunca anteriormente, do número elevado das miniconexões dos fluxos energéticos (V. página 36), ou dos liames dos holochacras nos somas, através da explosão demográfica que chegou, ao fim de 1994, a 5 bilhões 650 milhões de criaturas humanas ou indivíduos mais conscientes, espalhados na crosta deste planeta (ou 5 bilhões 650 milhões de miniconexões de holochacras nos somas).

Viabilização. Essa *fartura ou a potencialização da EC* criou um vigoroso holopensene energético que predispõe, propicia ou patrocina as possibilidades das assistências interconscienciais e viabiliza, ou torna exequíveis, a disseminação das práticas da tenepes.

Demografia. A explosão demográfica, portanto, abriu caminho para a disseminação e emprego das técnicas da tenepes.

Matéria. Além do exposto, o aumento do número das miniconexões dos holochacras nos somas ampliou o volume existente, na vida física da Terra, da *matéria energizada* pelas consciências. Neste ponto, a teoria da fartura de energia consciencial explica uma série de ocorrências.

Holopensene. A matéria energizada em volume maior e melhor qualidade, vem aperfeiçoando o *holopensene planetário* da Terra e a vida intrafísica, bem como predispondo, cada vez mais, o surgimento de fenômenos parapsíquicos, cosmoéticos e mais avançados, inclusive estes 10:

01. Superdotações intelectuais as mais diversas de homens e mulheres (precocidades e crianças prodígios).

02. Superdotações das parapercepções (bioenergética, animismo e parapsiquismo) de sensitivos.

03. Incidência de fenômenos de ectoplasmias, sadios, em alto nível, sem exibições espetaculares.

04. Fenômenos terapêuticos e paraclínicos.

05. Intervenções heterodoxas ou paracirurgias.

06. Para-anestesias.

07. Para-assepsias.

08. Para-hemostasias.

09. Paracicatrizações.

10. Emergência e desaparecimento de pequenos e grandes objetos no espaço-tempo-matéria.

Teoria. Pelas exposições feitas aqui, mesmo de modo sucinto, pode-se concluir, com lógica, que a teoria da fartura de energia consciencial é capaz de preencher e atender perfeitamente aos 7 objetivos ou desideratos básicos exigidos pelo rigor da Ciência como papéis de uma teoria, ou seja:

1. **Metodologia:** sistematiza o conhecimento humano quanto às energias da consciência.

2. **Conceitos:** serve como fonte para a estruturação analítica de conceitos e classificação conceitual (sistema de referência).

3. **Fatos:** explica, generaliza e sintetiza os conhecimentos de problemas e fenômenos (fatos).

4. **Conhecimento:** incrementa o conhecimento do homem e descobre lacunas indicando áreas que ainda não foram exploradas nesse mesmo conhecimento do homem (bioenergética).

5. **Contrastabilidade:** reforça a contrastabilidade ou contribui para a verificação real de valores veritativos factuais.

6. **Pesquisa:** orienta a pesquisa conscienciológica.

7. **Roteiro:** oferece um roteiro de um setor da realidade consciencial e torna-se um meio de fazer previsões de fatos.

33. EFEITOS DA TENEPES

Efeitos. A esta altura das considerações, cabe uma pergunta óbvia: quais os efeitos sadios da prática da tenepes depois de 1 década?

Avaliação. É fácil avaliar o saldo desse esforço por uma conta aritmética. Se colocarmos, por baixo, temos:

50 min	em	**300**	dias	(1 ano com 65 dias descontados)
15.000 min	em	**1**	ano	(300 dias)
150.000 min	em	**10**	anos	(1 década ou 3.000 dias)
2.500 horas	em	**1**	década	
104 dias	em	**1**	década	
3,5 meses	em	**1**	década	
1/40 vida	em	**4**	décadas	

Desconto. O desconto (obviamente exagerado, como hipótese para o arredondamento das cifras) dos 65 dias, diz respeito às doenças eventuais, praticamente inevitáveis, e aos impedimentos naturais – a doença de alguém mais íntimo, por exemplo – à prática dos exercícios da tenepes, durante os 12 meses do ano. Exemplos de impedimentos naturais: a doença de alguém mais íntimo; um problema doméstico; a viagem imprevista, de fato, inadiável; a exigência profissional inesperada; fatos que, racionalmente, não podem ser atribuídos ou interpretados dentro da condição de acidentes de percurso parapsíquicos.

Praia. Se compararmos com outras atividades ou lazeres da vida humana, por exemplo, ir à praia exige muito mais do que isso para o nosso lazer e não rende praticamente nenhum benefício *maior* à nossa evolução. Afora o câncer de pele entre 10 e 15 horas.

Décadas. Os 3 meses e meio contínuos de prática energética e assistencial, ou a imersão por 3 meses e meio do horário nobre da vida extrafísica em

1 década, pode ser, por exemplo, dos 30 aos 40 anos de idade, ou dos 40 aos 50, ou dos 50 aos 60 anos de idade física. Se alguém praticar a tenepes dos 30 aos 70 anos de idade física – 4 décadas – vai doar *1 ano inteiro* de assistencialidade de sua vida humana, afora a vida multidimensional inevitável, neste caso, das projeções conscientes durante os períodos diários do sono natural, ou a *fórmula* de 1/40 avos da vida intrafísica em 4 décadas.

Extras. E os períodos extras, diários, do tempo *anterior* – preparação, *aquecimento holossomático,* e *ligamento mental,* somático, à vida *extra*física – e *posterior* – *re*fazimento e *re*entrosamento à vida *intra*física – exigidos pelas práticas diárias da tenepes que não foram incluídos?

Veterano. No entanto, é mais do que isso, por que o *praticante, quando veterano,* atende às exteriorizações das energias conscienciais assistenciais a qualquer hora e em qualquer lugar.

Líder. Calcular o número de consciências atendidas durante os exercícios diários da tenepes é impraticável. Basta considerar a hipótese do atendimento de uma só *consciex-enferma-líder* que influa sobre 1.200 consciências carentes, como às vezes acontece, em comunidades extrafísicas doentias. Como saber os resultados dessa assistência? Só depois da dessoma, talvez, com o Orientador Evolutivo.

34. FORÇAS PRIORITÁRIAS

Forças. Eis as 8 forças *mais potentes* de manifestação pensênica da consciência, na vida intrafísica, em ordem decrescente:

1. **Vontade.** *Vontade* pessoal inquebrantável (volição).

2. **Intencionalidade.** Governo da *intencionalidade cosmoética maxifraterna* (intenção).

3. **Auto-organização.** *Auto-organização multidimensional* relativa à intrafisicalidade, bioenergética, mentalsomática e ao parapsiquismo (autodomínio consciencial).

4. **Tenepes.** *Tenepes* praticada através da bioenergética assistencial em alto nível de maturidade.

5. **Ofiex.** *Ofiex* em funcionamento franco, predispondo até a *moréxis* do epicon, se for o caso.

6. **Dupla evolutiva.** Participação atuante numa *dupla evolutiva* íntima.

7. **Megagestações.** *Megagestações conscienciais* executadas individualmente, através da dupla evolutiva íntima ou em equipe.

8. **Proéxis.** *Proéxis* em desenvolvimento seguro no rumo do *compléxis.*

Poderes. Estas 8 forças são os verdadeiros e mais relevantes poderes de que a conscin dispõe.

Valores. Também estas 8 forças são os valores *mais prioritários* para a conscin lúcida dinamizar a sua evolução lúcida.

Colocação. Importa identificar e refletir com a heterocrítica máxima sobre a colocação lógica, vital, em *quarto lugar,* da prática da tenepes nesta listagem das 8 forças *mais prioritárias* da conscin.

Autodiscernimento. O autodiscernimento ou o bom senso comum, oferecido pela vivência do praticante, são os melhores indicadores para a melhoria ou o desenvolvimento incessante nas práticas da tenepes.

A RIGOR, SÓ A FALTA DE CORAGEM É INCURÁVEL.

Fraqueza. A fraqueza (no caso, desmotivação, carência, abulia) é o caminho para todas as patologias e parapatologias das consciências.

Pessoal. Estou, pessoalmente, sempre às ordens para assistir especificamente a cada candidato ou candidata às práticas da tenepes, dentro de minhas possibilidades intrafísicas limitadas e na condição confessa, explícita, de *mercador de minha própria ignorância alfabetizada* quanto aos temas da consciência, prioritários e mais importantes do que todos os outros, dentro de nosso atual estágio evolutivo.

GLOSSÁRIO DA CONSCIENCIOLOGIA

Observações. Aqui estão listadas 282 denominações, palavras compostas, expressões e seus equivalentes técnicos da Conscienciologia.

Abordagem extrafísica – Contato de uma consciência com outra nas dimensões extrafísicas.

Acidente parapsíquico – Distúrbio físico ou psicológico gerado por influências energéticas, interconscienciais, doentias, em geral de origem extrafísica, ou multidimensional.

Acoplamento áurico – Interfusão das energias holochacrais entre duas ou mais consciências.

Agenda extrafísica – Anotação por escrito da relação de alvos conscienciais extrafísicos, prioritários – seres, locais ou ideias, que o projetor projetado procura alcançar gradativamente, de maneira cronológica, estabelecendo esquemas inteligentes ao seu desenvolvimento.

Alucinação (Latim: *hallucinari,* errar) – Percepção aparente de objeto externo não presente no momento; erro mental na percepção dos sentidos, sem fundamento em uma realidade objetiva.

Alvo mental projetivo – Meta predeterminada que a conscin objetiva alcançar, através da vontade, intenção, mentalização e decisão, ao se ver lúcida fora do soma.

Amência consciencial – Condição da consciência incapaz de pensar com equilíbrio mental razoável.

Amparador – Consciex auxiliadora de uma conscin ou de várias conscins; benfeitor extrafísico. Expressões equivalentes, arcaicas, desgastadas e envilecidas pelo emprego continuado: *anjo de guarda; anjo guardião; anjo de luz; guia; mentor.*

Andaimes conscienciais – *Muletas* psicológicas ou fisiológicas quando dispensáveis.

Androchacra (*andro* + *chacra*) – O sexochacra do homem.

Andropensene (palavra composta: *andro* + *pen* + *sen* + *ene*) – Pensene específico da conscin masculina primitiva ou o *machão.*

Androssoma (*andro* + *soma*) – O corpo humano masculino ou específico do homem.

Animismo (Latim: *animus,* alma) – Conjunto dos fenômenos intra e extracorpóreos produzidos pela conscin, sem interferências externas, como, por exemplo, o fenômeno da projeção consciente induzida pela própria vontade.

Antipensene (*anti + pen + sen + ene*) – O pensene antagônico, comum nas refutações, nos omniquestionamentos e nos debates produtivos.

Aparição intervivos – Ação do aparecimento da consciência do projetor humano, projetado, às conscins.

Assedialidade – Intrusão pensênica interconsciencial, doentia. Expressão equivalente, anacrônica: *obsessão;* há numerosas conscins que se defendem contra esta palavra.

Assim (*as + sim*) – Assimilação simpática de ECs, ou energias conscienciais, pela vontade, não raro com a decodificação de um conjunto de pensenes de outra (s) consciência (s).

Atacadismo consciencial – Sistema de comportamento individual caracterizado pela diretriz de se levar em conjunto, ou de eito, os atos conscienciais, sem deixar rastros ou *gaps* evolutivos, negativos, para trás.

Aura (Latim: *aura,* sopro de ar) **orgástica** – Energia holochacral do *facies sexualis* do homem ou da mulher no momento exato do orgasmo ou do clímax do ato sexual.

Aura peniana – Energia sexochacral em torno do pênis, notadamente quando em ereção, perceptível por qualquer pessoa motivada, em especial pelo próprio homem excitado sexualmente.

Autobilocação (Grego: *autos,* próprio; latim, *bis,* dois; e *locus,* lugar) **consciencial** – Ato de o projetor (ou projetora) intrafísico encontrar e contemplar o próprio corpo humano (soma) frente a frente, estando a sua consciência (conscin) fora dele, sediada noutro veículo de manifestação consciencial.

Autoconsciencialidade – Qualidade do nível de autoconhecimento por parte da própria consciência; megaconhecimento.

Autoconscientização multidimensional (**AM**) – Condição da lucidez madura da conscin quanto à vida consciencial no estado evoluído de multidimensionalidade, alcançado através da PL, ou projetabilidade lúcida.

Autoimperdoador – Conscin – homem ou mulher – que não se perdoa, em suas autodisciplinas, quanto aos próprios erros e omissões, a fim de eliminar as autocorrupções conscientes. Esta condição sadia se antepõe à condição, também sadia, do *hetero*perdoador (ou *hetero*perdoadora), *perdoador universal,* sincero, em relação a todos os seres, para sempre, *um princípio básico da maxifraternidade.*

Automimese existencial – Imitação, por parte da conscin, das próprias vivências ou experiências passadas, sejam do renascimento intrafísico atual ou de existências anteriores.

Automimeticidade – Qualidade consciencial da automimese existencial.

Autopensene (*auto + pen + sen + ene*) – O pensene da própria consciência.

Autoprojeção – Saída da conscin para outra dimensão consciencial, através do mentalsoma, ou do psicossoma, intencional ou provocada pela vontade.

Base física – Local seguro, escolhido pela conscin para deixar o seu soma, inanimado ou repousando, enquanto se projeta conscientemente para outras dimensões conscienciais fora dele; *duplódromo.* Um holopensene projeciogênico domiciliar. Apresenta relação direta com: a alcova energeticamente blindada; a tenepes; o epicon; a ofiex; o *projetarium;* o *precognitarium;* e o *retrocognitarium.*

Binômio lucidez–rememoração – Conjunto das duas condições indispensáveis à conscin para que a mesma obtenha uma projeção lúcida (fora do soma) plenamente satisfatória.

Biopensene (*bio + pen + sen + ene*) – O pensene específico da consciência humana.

Bitanatose – Desativação e descarte do holochacra, depois da dessoma, incluindo a retirada dos resquícios das conexões energéticas do holochacra no psicossoma; *segunda morte;* segunda dessoma.

Bradipensene (*bradi + pen + sen + ene*) – O pensene de fluxo vagaroso, próprio da consciência humana bradipsíquica.

Cardiochacra (*cardio + chacra*) – O quarto chacra básico, agente influente na emotividade da conscin, vitalizador do coração e dos pulmões.

Casal incompleto – Par de homem e mulher que *não* chega a formar o casal íntimo (aquele casal que pratica o ato sexual completo), contudo, mantém forte laço afetivo.

Catatonia extrafísica – Condição fixa da conscin, quando projetada, que mantém atos extrafísicos estereotipados, repetidos e, em geral, inúteis ou dispensáveis quanto à sua evolução.

Cérebro abdominal (V. **Subcérebro abdominal**).

Chacra – Núcleo ou campo limitador de energia consciencial, cujo conjunto constitui basicamente o holochacra, paracorpo energético dentro do soma, fazendo a junção com o psicossoma, atuando como ponto de conexão pelo qual a EC flui de um veículo consciencial para outro.

Ciclo mentalsomático – O ciclo ou curso evolutivo da consciência que se inicia na sua condição de CL, ou consciência livre, em que desativa definitivamente o seu psicossoma (terceira dessoma) e vive tão só com o mentalsoma.

Ciclo multiexistencial – Sistema ou condição de alternância contínua, em nosso nível evolutivo médio, de um período de renascimento intrafísico *(seriéxis)* com outro período pós-desativação somática, extrafísico, ou a *intermissão.*

Clima interconsciencial – Condição do multientendimento em um encontro interconsciencial, estabelecida através de pensenes afinizados, especialmente *carregados* nas ECs, ou energias conscienciais. Há climas, *climinhas* e *climões* interconscienciais.

Compléxis (*comple + exis*) – Condição da completude existencial da proéxis da consciência humana.

Comunidade extrafísica – Reunião e vida em comum de consciexes em uma dimensão extrafísica.

Con – Unidade hipotética de medida do nível de lucidez da conscin ou da consciex.

Concentração consciencial – Estado da focalização direta, sem desvios, dos sentidos, atributos conscienciais, vontade e intenção da consciência sobre um só objeto.

Consciência (Latim: *con + scientia,* com conhecimento) **livre (CL)** – Consciência – ou melhor: consciex – que se libertou definitivamente (desativação) do psicossoma ou paracorpo emocional, e das fieiras das seriéxis, situada na *hierarquia evolutiva* depois do *Homo sapiens serenissimus.*

Conscienciês – Idioma telepático, não simbólico, nativo nas dimensões conscienciais das Sociexes muito evoluídas.

Conscienciograma – Planilha técnica das medidas avaliativas do nível de evolução da consciência; megateste consciencial que tem por modelo o *Homo sapiens serenissimus,* responsável por uma conta corrente egocármica positiva. Instrumento básico empregado nos testes conscienciométricos.

Conscienciologia – Ciência que estuda a consciência de modo integral, holossomático, multidimensional, multimilenar, multiexistencial e, sobretudo, conforme as suas reações perante as EIs e as ECs, bem como em seus múltiplos estados.

Conscienciólogo (a) – Conscin empenhada no estudo permanente e na experimentação objetiva, dentro do campo de pesquisas da Conscienciologia, na qualidade de agente de renovações evolutivas *(agente retrocognitor),* no trabalho libertário das consciências em geral.

Consciencimetria – Disciplina que estuda as medidas conscienciológicas, ou da consciência, através dos recursos e métodos oferecidos pela Conscienciologia, capazes de assentar as bases possíveis da *matematização da consciência.* Instrumento principal: conscienciograma.

Conscienciootherapia – Tratamento, alívio ou remissão de distúrbios da consciência, executados através dos recursos e técnicas derivados da Conscienciologia.

Consciex (*consci* + *ex*) – Consciência *extra*física; o paracidadão ou paracidadã da Sociex. Sinônimo envilecido pelo uso: *desencarnado.*

Conscin (*consci* + *in*) – Consciência *intra*física; a personalidade humana; o cidadão ou cidadã da Socin. Sinônimo envilecido pelo uso: *encarnado.*

Continuísmo consciencial – Condição da inteireza – sem brechas – na continuidade da vida consciencial através da previsão providencial e do autorrevezamento evolutivo, ou seja: a emenda desta vivência do momento, às vivências imediatamente anterior e posterior, incessantemente, em um todo coeso e único, sem solução de continuidade nem experiências conscienciais estanques.

Contracorpo – O mesmo que holochacra, o veículo específico da EC da conscin.

Contrapensene (*contra* + *pen* + *sen* + *ene*) – Pensene *intra*consciencial da conscin; refutação mental muda; *palavra mental;* o pensene mudo; um tipo de *intrapensene.*

Copensene (*co* + *pen* + *sen* + *ene*) – O pensene da coopção específica do coro, dos rezadores em grupo e das multidões.

Cordão de ouro – Suposto elemento energético – à semelhança de um controle remoto – que mantém o mentalsoma ligado ao paracérebro do psicossoma.

Coronochacra (*corono* + *chacra*) – O chacra da área do sincipúcio, *coroa* o holochacra.

Cosmoconsciência – Condição ou percepção interior da consciência do cosmo, da vida e da ordem do Universo, em uma exaltação intelectual e cosmoética impossível de se descrever, quando a consciência sente a presença viva do Universo e se torna una com ele, em uma unidade indivisível. Há comunicação interconsciencial nesta condição peculiar.

Cosmoética (*cosmo* + *ética*) – Ética ou reflexão sobre a moral cósmica, multidimensional, que define a holomaturidade, situada além da moral social, intrafísica, ou que se apresenta sob qualquer rótulo humano.

Cosmoeticidade – Qualidade cosmoética da consciência.

Cosmopensene (*cosmo + pen + sen + ene*) – Pensene específico do consciencíês ou do estado da cosmoconsciência; forma de comunicação do consciencíês.

Curso grupocármico – Conjunto dos estágios da consciência dentro do grupo consciencial evolutivo.

Curso intermissivo – Conjunto de disciplinas e experiências teáticas administradas à consciex, depois de determinado nível evolutivo, durante o período da intermissão consciencial, dentro do seu ciclo de existências pessoais, objetivando o completismo existencial (compléxis) da próxima seriéxis.

Dermatologias da consciência – Expressão composta atribuída às Ciências convencionais, fisicalistas, subordinadas ao paradigma newtoniano-cartesiano, mecanicista, que centram as suas pesquisas tão somente no soma, porque não dispõem da instrumentalidade necessária para as investigações técnicas, diretas, da consciência em si; dermatologias da conscin. Ciências periconscienciais.

Desassim (*desas + sim*) – Desassimilação simpática de ECs exercida pela impulsão da vontade, normalmente através do EV.

Descoincidência vígil – Condição parapsíquica da conscin – projetor ou projetora – em que a mesma se percebe com o psicossoma fora do estado da coincidência, em plena vigília física ordinária, sem se sentir completamente integrada ao soma, gerando a intensificação de parapercepções e fenômenos energéticos e parapsíquicos.

Desperticidade – Qualidade consciencial do ser desperto.

Desperto (*des + per + to*) – Ser intrafísico, ou conscin, desassediado, permanente, total, plenamente autoconsciente da sua qualidade de desperticidade.

Dessoma (*des + soma*) – Desativação somática, próxima e inevitável para todas as conscins; projeção final; *primeira morte*; morte biológica; monotanatose. A dessoma (simplesmente) ou *primeira* dessoma é a desativação do corpo humano ou soma. A *segunda* dessoma é a desativação do holochacra. A *terceira* dessoma é a desativação do psicossoma.

Devaneio – Enredo fantasioso criado pela imaginação durante o estado da vigília física ordinária da consciência humana.

Dimener (*dime + ener*) – Dimensão energética das consciências; dimensão holochacral; dimensão *três-e-meia*. Dimensão natural do holochacra.

Dupla evolutiva – Duas consciências que interagem positivamente em evolução conjunta; condição existencial de *evolutividade intercooperativa* a dois.

Ectopia consciencial – Execução insatisfatória da proéxis, de maneira excêntrica, deslocada, fora do roteiro programático escolhido para a própria vida intrafísica.

Egocarma (*ego* + *carma*) – Princípio de causa e efeito, atuante na evolução da consciência, quando centrado exclusivamente no ego em si. Estado do livre-arbítrio preso ao egocentrismo infantil.

Egopensene (*ego* + *pen* + *sen* + *ene*) – O mesmo que autopensene; a *unidade de medida* do egoísmo consciencial, segundo a Conscienciologia, ou, mais apropriadamente, a Conscienciometria.

Energia consciencial (**EC**) – A energia imanente que a consciência emprega em suas manifestações em geral; o *ene* do pensene.

Energia imanente (**EI**) – Energia primária, vibratória, essencial, multiforme, impessoal, difusa e dispersa em todos os objetos ou *realidades* do Universo, de modo onipotente, ainda indomada pela consciência humana, e demasiadamente sutil para ser descoberta e detectada pelos atuais instrumentos tecnológicos.

Enumerologia – Técnica didática de feitura e processamento de textos, centrada na autocrítica informativa.

Epicon (*epi* + *con*) – Epicentro consciencial; conscin-chave do epicentrismo operacional, que se torna um fulcro de lucidez, assistencialidade e construtividade interdimensional, através da ofiex. Tem relação direta com a *tenepes* ou a tarefa energética pessoal.

Era consciencial – Aquela na qual a média das conscins encontrar-se-á suficientemente evoluída, através dos impactos, redefinições e revoluções criadas pela vivência da projetabilidade lúcida (PL), implantando-se o *primado da autoconsciencialidade.*

Estado de animação suspensa – Aquele no qual a conscin tem suspensas, temporariamente, as funções vitais essenciais do seu corpo celular, retornando, depois, às suas condições fisiológicas normais, em certos casos sem ocorrer quaisquer danos à sua saúde, sobrevivendo as células em metabolismo de hibernação humana.

Estado vibracional (**EV**) – Condição técnica de dinamização máxima das energias do holochacra, através da impulsão da vontade.

Estigma assediador – Um insucesso, sempre dramático, em geral patológico, ou uma derrota evolutiva, assentada, em geral, em uma auto-obcecação consciencial geradora da melin ou da melex. Muitas vezes, resulta em acidentes parapsíquicos.

Euforex (*eufor* + *ex*) – Condição de euforia extrafísica, após a desativação somática, gerada pelo cumprimento razoável da proéxis; euforia *post-mortem*; paraeuforia; euforia pós-somática.

Euforin (*eufor* + *in*) – Condição da euforia intrafísica, antes da desativação somática gerada pelo cumprimento razoável da proéxis; euforia *pré-mortem*. Condição predisponente ideal à moréxis positiva.

Eunuco consciencial – Conscin castrada e manipulada consciencialmente pelos sectários, domesticadores dos *robôs satisfeitos,* os escravos modernos da massa impensante.

Existência holochacral – Vida intrafísica ou a seriéxis da consciência humana.

Existência trancada – Vivência humana ou da seriéxis sem a produção de PCs; vida humana troposférica somente com projeções inconscientes, vegetativas, características do estado do paracoma evolutivo; seriéxis trancada.

Experiência da Quase-Morte (EQM) – Ocorrência projetiva, involuntária ou forçada por circunstâncias humanas, críticas, da consciência humana, comum a doentes terminais, pacientes morituros e sobreviventes da morte clínica.

Extrafísico – Relativo àquilo que esteja fora, ou além, do estado *intra*físico ou humano; estado consciencial *menos* físico do que o soma.

Fenômeno concomitante à PC – O que ocorre no *continuum* espaço-tempo ou não, mas simultaneamente com o desenvolvimento da experiência da projeção consciente, de modo espontâneo e inesperado.

Fenômeno projetivo – Ocorrência parapsíquica específica do âmbito de pesquisa da Projeciologia.

Fitopensene (*fito* + *pen* + *sen* + *ene*) – O pensene rudimentar da planta; a *unidade léxica* da planta, segundo a Conscienciologia.

Geoenergia (*geo* + *energia*) – Energia imanente (EI) proveniente do solo ou da terra e absorvida pela conscin através da *pré-kundalini.* Expressão arcaica: *energia telúrica.*

Gestação consciencial – Produtividade evolutiva, útil, da consciência humana, dentro do quadro de obras pessoais da programática da sua proéxis.

Ginochacra (*Gino* + *chacra*) – O sexochacra da mulher.

Ginopensene (*gino* + *pen* + *sen* + *ene*) – O pensene específico da linguagem e comunicabilidade feminina.

Ginossoma *(gino* + *soma)* – O corpo humano feminino ou específico da mulher, especializado na reprodução animal da vida intrafísica da conscin; o corpo afrodisíaco.

Grafopensene (*grafo + pen + sen + ene*) – A *assinatura pensênica* da consciência humana.

Grecex (*gr + rec + ex*) – Grupo de reciclantes existenciais; reunião e vivência intrafísica, conjunta, em grupo, objetivando a experiência das recéxis planificadas. Plural: grecexes.

Grinvex (*gr + inve + ex*) – Grupo de inversores existenciais; reunião e vivência intrafísica, conjunta, em grupo, objetivando a experiência das invéxis planificadas. Plural: grinvexes.

Grupalidade – Qualidade do grupo evolutivo da consciência; condição da evolutividade em grupo.

Grupocarma (*grupo + carma*) – Princípio de causa e efeito, atuante na evolução da consciência, quando centrado no grupo evolutivo. Estado do livre-arbítrio individual, preso ao grupo evolutivo.

Grupopensene (*grupo + pen + sen + ene*) – O pensene sectário, corporativista e antipolicármico; mas o grupopensene pode ser também construtivo.

Heteropensene (*hetero + pen + sen + ene*) – O pensene de outrem em relação a nós.

Hiperacuidade – Qualidade da lucidez máxima da conscin alcançada pela recuperação – que lhe é possível – dos cons.

Hiperespaços conscienciais – Dimensões conscienciais extrafísicas.

Hiperpensene (*hiper + pen + sen + ene*) – O pensene heurístico; a ideia original da descoberta; o pensene neofílico; a *unidade de medida* da invenção, segundo a Conscienciometria.

Hipnagogia (Grego: *hipnos,* sono; e *agogós,* condutor) – Condição crepuscular de transição da consciência entre o estado da vigília física ordinária e o estado do sono natural. É um estado alterado da consciência.

Hipnopompia (Grego: *hipnos,* sono; e *pompikós,* procissão) – Condição de transição do sono natural, introdutória ao despertamento físico, no semissono que precede o ato de acordar, caracterizada por imagens oníricas com efeitos auditivos e visões alucinatórias que subsistem após o despertar. É um estado alterado da consciência.

Hipopensene (*hipo + pen + sen + ene*) – O mesmo que protopensene ou fitopensene.

Holocarma (*holo + carma*) – Reunião dos 3 tipos de ações e reações conscienciais – egocarma, grupocarma e policarma – dentro dos princípios de causa e efeito, atuantes na evolução da consciência.

Holochacra *(holo + chacra)* – Paracorpo energético da consciência humana.

Holochacralidade – Qualidade das manifestações da conscin derivadas do holochacra.

Holomaturidade *(holo + maturidade)* – Condição da maturidade integrada – biológica, psicológica, holossomática e multidimensional – da consciência humana.

Holomemória *(holo + memória)* – Memória causal, composta, multimilenar, multiexistencial, implacável, ininterrupta, pessoal, que retém todos os fatos relativos à consciência; multimemória; polimemória.

Holopensene (*holo + pen + sen + ene*) – Pensenes agregados ou consolidados. Sinônimo envilecido pelo uso: *egrégora.* Esta palavra gera resistência em larga faixa dos leitores sérios das ciências.

Holopensene domiciliar – Base física; alcova energeticamente blindada; ofiex.

Holorgasmo (*holo + orgasmo*) – Orgasmo holossomático; êxtase máximo gerado pelas energias de todo o holossoma.

Holossoma (*holo + soma*) – Conjunto dos veículos de manifestação da conscin: soma, holochacra, psicossoma e mentalsoma; e da consciex: psicossoma e mentalsoma.

Holossomática – Estudo específico do holossoma.

Homeostase holossomática – Estado integrado, hígido, de harmonia do holossoma.

Homo sapiens serenissimus – Consciência quando na vivência integral da condição do serenismo lúcido. Sinônimo de emprego popular: *Serenão.*

Homopensene (*homo + pen + sen + ene*) – O pensene da emissão e da recepção telepática; a *unidade de medida* na telepatia, segundo a Conscienciometria.

Incompléxis (*in + comple + exis*) – Condição existencial da proéxis incompleta da consciência humana.

Instituição conscienciocêntrica – Aquela que centraliza seus objetivos na consciência em si, e em sua evolução, ao modo do Instituto Internacional de Projeciologia e Conscienciologia (IIPC); cooperativa consciencial, dentro da Socin Conscienciológica, com base nos vínculos empregatício e consciencial.

Interfusão holossomática – Estado das assins máximas entre duas consciências.

Intermissão – Período extrafísico da consciência entre duas das suas seriéxis pessoais.

Intermissão pós-somática – Período extrafísico da consciência imediato à sua desativação somática.

Intermissão pré-somática – Período extrafísico da consciência anterior ao seu renascimento intrafísico.

Intermissibilidade – Qualidade do período de intermissão de uma consciência.

Interprisão grupocármica – Condição da inseparabilidade grupocármica do princípio consciencial evolutivo ou consciência.

Intraconsciencialidade – Qualidade das manifestações específicas da intimidade da consciência.

Intrafisicalidade – Condição da vida intrafísica, humana, ou da existência da consciência humana.

Intrapensene (*intra* + *pen* + *sen* + *ene*) – Pensene *intra*consciencial da consciência humana.

Intrusão energética – Invasão de uma consciência em outra através das ECs ou do holochacra.

Intrusão espermática – Introdução do esperma de um homem no sexossoma da mulher, durante o ato sexual.

Intrusão holochacral – Invasão de uma conscin em outra através do holochacra; intrusão energética.

Intrusão holossomática – Invasão de uma consciência em outra através de todo o holossoma.

Intrusão interconsciencial – Ação exercida por uma consciência sobre outra.

Intrusão mnemônica – Colisão da memória intrusiva de uma consciex assediadora sobre a memória cerebral de uma conscin assediada *(paramnésia).*

Intrusão pensênica – Invasão de uma consciência em outra através do mentalsoma.

Intrusão psicossomática – Invasão de uma consciência em outra através da emocionalidade, ou pelo psicossoma.

Intrusão volitiva – Invasão da vontade de uma consciência em outra através da heterossugestão ou hetero-hipnose.

Inversor existencial – Conscin que se dispõe a executar a invéxis na vida intrafísica.

Invexibilidade – Qualidade da execução intrafísica da invéxis.

Invéxis (*inve* + *exis*) – Técnica da inversão existencial executada pela consciência humana.

Macro-PK destrutiva – Psicocinesia ou PK *(psychokinesis)* nociva, capaz de acarretar prejuízos à conscin, podendo estes, inclusive, serem fatais ao soma.

Macrossoma (*macro* + *soma*) – Soma fora de série ou *supermaceteado* para a execução de uma proéxis específica.

Mandato pré-intrafísico – Programação existencial para a vida humana planejada antes do renascimento intrafísico da consciência; proéxis.

Maturidade integrada – Estado da maturidade consciencial mais evoluída, além da maturidade biológica ou física, e da maturidade mental ou psicológica; holomaturidade.

Maxifraternidade – Condição interconsciencial, universalista, mais evoluída, fundamentada na fraternidade pura da consciência autoimperdoadora e heteroperdoadora, meta inevitável na evolução de todas as consciências. Sinônimo: Megafraternidade.

Maximoréxis (*maxi* + *mor* + *exis*) – Condição da moréxis existencial a maior ou quando vem para a conscin *completista,* na qualidade de acréscimo ou adendo (base superavitária), quanto ao compléxis da sua proéxis; portanto, a execução de um *extra sadio* de um mandato existencial concluído.

Maxipensene (*maxi* + *pen* + *sen* + *ene*) – O pensene peculiar às CLs ou Consciências Livres.

Maxiprimener (*maxi* + *prim* + *ener*) – Condição da primavera energética máxima ou prolongada.

Maxiproéxis (*maxi* + *pro* + *exis*) – Programação existencial máxima, *por atacado,* ou visando à execução de tarefa na vivência do universalismo e da maxifraternidade, com bases policármicas.

Megameta – O objetivo maior da autoevolução para a consciência.

Megapensene (*mega* + *pen* + *sen* + *ene*) – O mesmo que ortopensene.

Megapoder – A condição evoluída de lucidez magna, cosmoética, da consciência.

Megatrafar (*mega* + *tra* + *far*) – O tra*far* máximo da consciência.

Megatrafor (*mega* + *tra* + *for*) – O tra*for* máximo da consciência.

Melex (*mel* + *ex*) – Condição da melancolia extrafísica, pós-somática ou *post-mortem;* paramelancolia.

Melin (*mel* + *in*) – Condição da melancolia intrafísica ou *pré-mortem.*

Mentalsoma (*mental* + *soma*) – Corpo mental; o *paracorpo* do discernimento da consciência. Plural: *mentaissomas.*

Metassoma (*meta* + *soma*) – O mesmo que psicossoma, instrumento extrafísico de consciexes e conscins.

Microuniverso consciencial – A consciência considerada de per si, como um todo, englobando todos os seus atributos, pensenes e manifestações no desenvolvimento da sua evolução. O microcosmo da consciência em relação ao macrocosmo do Universo.

Mimese cosmoética – Impulso social produtivo de imitação dos antepassados evoluídos.

Minimoréxis (*mini* + *mor* + *exis*) – Condição da moratória existencial – a menor – ou quando vem para a conscin *incompletista* ressarcir o seu *déficit holocármico* (base deficitária) ou concluir a condição do compléxis quanto à sua proéxis; portanto, o acabamento de um mandato existencial ainda inconcluso.

Minipensene (*mini* + *pen* + *sen* + *ene*) – O pensene específico da criança, às vezes em função do cérebro ainda em desenvolvimento.

Miniprimener (*mini* + *prim* + *ener*) – Condição da primavera energética mínima ou efêmera.

Miniproéxis (*mini* + *pro* + *exis*) – Programação existencial mínima, *a varejo,* ou objetivando a execução de uma tarefa mínima, ainda grupocármica.

Mnemossoma (*mnemo* + *soma*) – O soma considerado especificamente quanto à memória da consciência, em todas as suas formas.

Monitoria extrafísica – Condição da assistência de consciexes sadias em favor da conscin equilibrada, quando esta desempenha tarefa da consolação ou do esclarecimento, também equilibrada.

Monodotação consciencial – Vida intrafísica sob a pressão de assédios constantes de seres doentios experienciada pela conscin medíocre, de poucos talentos, sem versatilidade.

Monopensene (*mono* + *pen* + *sen* + *ene*) – O pensene repetitivo; o monoideísmo; a ideia fixa; o eco mental; *re*pensene.

Monotanatose – O mesmo que *dessoma; primeira morte.*

Moréxis (*mor* + *exis*) – Condição da moratória existencial, ou um complemento de vida intrafísica, facultado a determinadas conscins, conforme o seu mérito holocármico. A moréxis pode apresentar uma base deficitária – a menor – minimoréxis; ou superavitária – a maior – maximoréxis, quanto aos resultados da proéxis.

Morfopensene (*morfo* + *pen* + *sen* + *ene*) – O pensamento ou um conjunto de pensamentos quando reunidos e se expressando, de algum modo, como uma *forma*. Expressão arcaica, agora em desuso: *forma-pensamento*. A acumulação de morfopensenes compõe o holopensene.

Neofilia – Adaptação fácil da conscin às situações, coisas e acontecimentos novos. Oposto de neofobia.

Neopensene (*neo* + *pen* + *sen* + *ene*) – O pensene da conscin, quando se manifesta através de novas sinapses ou conexões interneuroniais, capaz de criar a recin ou a reciclagem *intra*consciencial; a *unidade de medida* da renovação consciencial, segundo a Conscienciologia, ou, mais apropriadamente, a Conscienciometria.

Ofiex (*ofi* + *ex*) – Oficina extrafísica do epicon intrafísico (praticante da tenepes). Os recursos e *instalações* extrafísicas da ofiex são múltiplos e surpreendentes. Um holopensene domiciliar.

Oniropensene (*oniro* + *pen* + *sen* + *ene*) – O mesmo que patopensene.

Orientador Evolutivo – Consciência coadjutora da coordenação inteligente da proéxis, ou da evolução consciencial de uma ou mais consciências, do mesmo grupocarma. Condição evolutiva entre o ser desperto e o Serenão.

Ortopensene (*orto* + *pen* + *sen* + *ene*) – O pensene *reto* ou cosmoético, próprio da holomaturidade consciencial; a *unidade de medida* da cosmoética prática, segundo a Conscienciometria.

Pangrafia – Escrita parapsíquica multímoda, abrangente e sofisticada.

Para – Prefixo que significa *além de, ao lado de,* como em *paracérebro*. Significa, também, *extrafísico*.

Paracérebro – Cérebro extrafísico do psicossoma da consciência nos estados extrafísico (consciex), intrafísico (conscin) e projetado, quando através do psicossoma.

Paracomatose consciencial – Estado de coma extrafísico da conscin, quando projetada, que permanece invariavelmente inconsciente e, portanto, sem rememorações extrafísicas.

Paradigma consciencial – Teoria-líder da Conscienciologia fundamentada na própria consciência.

Parafisiologia – Fisiologia dos veículos de manifestação da consciência, excluído o corpo humano ou soma.

Paragenética – A genética adstrita às heranças da consciência, através do psicossoma, da vida anterior ao embrião humano.

Para-homem – Consciex com visual de homem ou conscin-homem projetada. Expressão sinônima, desgastada e envilecida pelo uso: *entidade espiritual masculina.*

Paramulher – Consciex com visual de mulher ou conscin-mulher projetada. Expressão sinônima, desgastada e envilecida pela uso: *entidade espiritual feminina.*

Parapatologia – Patologia dos veículos de manifestação da consciência, excluído o corpo humano ou soma.

Parapensene (*para* + *pen* + *sen* + *ene*) – O pensene específico da consciex ou consciência extrafísica.

Passes-para-o-escuro – Expressão popular para significar a transmissão técnica, diária, de energias conscienciais, ou ECs, por uma conscin, diretamente a consciexes, conscins projetadas, ou no estado da vigília física ordinária, com assistência permanente de amparadores. Expressão técnica: *tenepes* (*ta*refa *ene*rgética *pes*soal).

Patopensene (*pato* + *pen* + *sen* + *ene*) – O pensene patológico ou da amência consciencial; o *pecadilho mental;* a vontade patológica; a intenção doentia; a *ruminação cerebral.*

Pensen (*pen* + *sen*) – Pensamento e sentimento.

Pensene (*pen* + *sen* + *ene*) – Unidade de manifestação prática da consciência, segundo a Conscienciologia, que considera o pensamento ou ideia (concepção), o sentimento ou a emoção, e a EC (energia consciencial) em conjunto, de modo indissociável.

Pensenedor – Instrumento pelo qual a consciência manifesta os seus pensamentos e atos. No caso específico da conscin, o pensenedor fundamental é o soma.

Pensenidade – Qualidade da consciência pensênica de alguém.

Podossoma (*podo* + *soma*) – O soma considerado especificamente quanto à aplicação dos pés ou o trabalho com os pés, por exemplo, o do jogador de futebol.

Policarma (*poli* + *carma*) – Princípio de causa e efeito, atuante na evolução da consciência, quando centrado no senso e vivência da maxifraternidade cósmica, além do egocarma e do grupocarma.

Porão consciencial – Fase de manifestação infantil e adolescente da conscin, até chegar ao período da adultidade, caracterizada pelo predomínio dos tra*fa*res mais primitivos da consciência multiveicular, multiexistencial e multimilenar.

Pré-casal – Condição inicial, preliminar ou de tateios, da sexualidade humana prática dentro da Socin.

Precognição (Latim: *pre,* antes; *cognoscere,* conhecer) **extrafísica** – Faculdade perceptiva pela qual a consciência, plenamente projetada para fora do corpo humano, fica conhecendo fatos indeterminados vindouros, inclusive objetos, cenas e formas distantes, no tempo futuro.

Precognitarium – Base física preparada tecnicamente para a produção de PCs precognitivas.

Pré-kundalini – Chacra secundário plantar. Há 2 plantochacras no holossoma da conscin. Expressão própria da Conscienciologia.

Pré-serenão – Conscin, ou consciex, que ainda não vive o serenismo lúcido.

Pré-serenão intrafísico alternante – Conscin capaz de viver consciente, ao mesmo tempo, no estado da vigília física ordinária e projetada, de quando em quando, em dimensões extrafísicas.

Primener (*prim* + *ener*) – Primavera energética; condição pessoal, mais ou menos duradoura, de apogeu das ECs sadias e construtivas.

Primener a dois – Primavera energética da dupla evolutiva, cujos parceiros se amam de fato e dominam as aplicações das ECs sadias, com inteira lucidez, construindo as suas proéxis através de gestações conscienciais.

Primopensene (*primo* + *pen* + *sen* + *ene*) – O mesmo que *causa primária do Universo;* o primeiro pensamento que foi composto. Este vocábulo não tem plural.

Princípios pessoais – Conjunto de valores e iniciativas norteadores da vida consciencial, escolhido pela consciência, a partir da holomaturidade, multidimensionalidade e cosmoética vivida.

Proéxis (*pro* + *exis*) – Programação existencial específica de cada conscin em sua seriéxis.

Proéxis avançada – Programação existencial da conscin, líder evolutiva, dentro de uma tarefa libertária específica do grupocarma, mais universalista e policármica, onde é *mini*peça lúcida e atuante dentro do *maxi*mecanismo da equipe multidimensional.

Projeção consciente (PC) – Projeção da conscin para além do soma; experiência extracorpórea.

Projeção consciente assistida – Aquela pela qual a conscin vê-se assistida durante o experimento, de modo direto, por um amparador, quase sempre perito em projetabilidade lúcida (PL).

Projeção semiconsciente (PSC) – Experiência onírica em que a conscin projetada se reconhece lúcida em parte, de modo desordenado. Não é uma projeção consciencial ideal; sonho lúcido.

Projeciocrítica – Crítica projeciológica.

Projeciografia – Estudo técnico dos registros projeciológicos.

Projeciologia (Latim: *projectio,* projeção; grego: *logos,* tratado) – Ciência que estuda as projeções da consciência e seus efeitos, inclusive as projeções das ECs para fora do holossoma.

Projecioterapia – Ciência das profilaxias e terapias derivadas das pesquisas e técnicas da Projeciologia.

Projetabilidade lúcida (PL) – Qualidade parafisiológica, projetiva, lúcida, da consciência, capaz de descoincidir-se ou tirar os seus veículos de manifestação da condição de alinhamento do holossoma, inclusive através da impulsão da própria vontade.

Projetarium – Base física preparada tecnicamente para a produção das PCs.

Protopensene (*proto + pen + sen + ene*) – O pensene mais rudimentar; o mesmo que fitopensene ou hipopensene.

Psicossoma (Grego: *psyckhé,* alma; *soma,* corpo) – Paracorpo emocional da consciência; o *corpo objetivo* da conscin.

Quirossoma (*quiro + soma*) – O soma considerado especificamente quanto à aplicação das mãos ou o trabalho manual.

Recesso projetivo – Fase existencial da conscin caracterizada pela cessação espontânea – temporária quase sempre – das experiências projetivas lúcidas, dentro de uma sequência de experimentos intensivos.

Recexibilidade – Qualidade da execução intrafísica da recéxis.

Recéxis (*rec + exis*) – Técnica da reciclagem existencial executada pela consciência humana.

Reciclante existencial – Conscin que se dispõe a executar a recéxis.

Recin (*reci + in*) – A reciclagem intrafísica, existencial, *intra*consciencial ou a renovação cerebral da conscin através da criação de novas sinapses ou conexões interneuroniais capazes de permitir o ajuste da proéxis, a execução da recéxis, a invéxis, a aquisição de ideias novas, os neopensenes, os hiperpensenes e outras conquistas neofílicas da consciência humana automotivada.

Repensene (*re + pen + sen + ene*) – O pensene repetido. O mesmo que *mono*pensene, ideia fixa ou monoideísmo.

Repercussões parapsicofísicas – Reações entre 2 veículos de manifestação consciencial, durante o ato de entrarem em contato entre si, tanto entre veículos diferentes de uma consciência, ou entre veículos semelhantes de duas ou mais consciências. Tais repercussões podem ser intrafísicas e extrafísicas.

Retrocognição (Latim: *retro,* atrás; *cognoscere,* conhecer) – Faculdade perceptiva pela qual a conscin fica conhecendo fatos, cenas, formas, objetos, sucessos e vivências pertencentes ao tempo passado distante, comumente relacionados com a sua holomemória.

Retrocognitarium – Base física preparada tecnicamente para a produção de projeções conscientes (PCs) retrocognitivas.

Retropensene (*retro + pen + sen + ene*) – O pensene específico das autorretrocognições; o mesmo que o *engrama* da Mnemotécnica; a *unidade de medida* das retrocognições, segundo a Conscienciometria.

Robéxis (*rob + exis*) – Robotização existencial; condição da conscin troposférica, excessivamente escravizada à intrafisicalidade ou quadridimensionalidade.

Romance extrafísico – Conjunto dos atos pelos quais a conscin namora ou mantém um caso afetivo sadio ou positivo, estando projetada fora do soma.

Sedução holochacral – Ação energética, com intenção dominadora mais ou menos consciente, de uma consciência sobre outra (s).

Sene (*sen + ene*) – Sentimento e energia consciencial.

Serenão – Nome popular do *Homo sapiens serenissimus.*

Serialidade – Qualidade da consciência sujeita às seriéxis.

Seriéxis (*seri + exis*) – 1. Seriação existencial evolutiva da consciência; existências sucessivas; renascimentos intrafísicos em série. 2. Vida humana ou intrafísica. Sinônimo desgastado e envilecido pelo uso excessivo para a primeira acepção: *reencarnação;* esta palavra arcaica não mais atinge as pessoas sérias dedicadas às pesquisas de ponta da consciência.

Sexochacra (*sexo + chacra*) – O chacra radical ou sexual básico da consciência humana. Expressão antiga relativa à EC deste chacra: *kundalini (o fogo serpentino).*

Sexopensene (*sexo + pen + sen + ene*) – A fantasia sexual; a *unidade de medida* do adultério mental, segundo a Conscienciometria.

Sexossoma (*sexo + soma*) – O soma considerado especificamente quanto ao seu sexo.

Sexossoma feminino afrodisíaco – O soma da mulher, considerado especificamente quanto ao sexo, quando em condições plásticas capazes de atuar como afrodisíaco. Veja *Ginossoma.*

Sexossomática – Estudo específico do soma quanto ao seu sexo, ou sexossoma, e suas relações com a conscin, seja o homem ou a mulher.

Sinalética parapsíquica – Existência, identificação e emprego autoconsciente dos sinais energéticos, anímicos, parapsíquicos e personalíssimos, ou que toda conscin possui.

Sociex (*soci* + *ex*) – Sociedade Extrafísica ou das consciexes. Plural: Sociexes.

Socin (*soci* + *in*) – Sociedade Intrafísica ou das conscins; Sociedade Humana. Plural: Socins.

Soltura do holochacra – Condição de liberdade relativa de atuação do paracorpo energético da conscin, em relação ao psicossoma e ao soma.

Soma – Corpo humano; o corpo do indivíduo do reino *Animal,* filo *Cordata,* classe *Mamíferos,* ordem *Primatas,* família *Hominídea,* gênero *Homo,* espécie *Homo sapiens,* o mais elevado nível de animal sobre este Planeta; apesar do exposto, o veículo mais rústico do holossoma da consciência humana.

Sonho – Estado consciencial natural intermediário entre o estado da vigília física ordinária e o sono natural, caracterizado por um conjunto de ideias e imagens que se apresentam à consciência. O sonho aflitivo que tem como efeitos a agitação, a angústia e a opressão durante o seu desenvolvimento, recebe os nomes de: *pesadelo; terror noturno; alucinação pesadelar.*

Sono – Estado natural de repouso no homem e nos animais superiores que se caracteriza especialmente pela supressão normal e periódica da atividade perceptiva, da motricidade voluntária, e da vida de relação, pelo relaxamento dos sentidos e dos músculos, pela diminuição das frequências circulatória e respiratória, e ainda pela atividade onírica; durante o qual o organismo recupera-se da fadiga.

Subcérebro abdominal – O umbilicochacra (centro de energia consciencial acima do umbigo), quando escolhido inconscientemente pela conscin, ainda de evolução medíocre, para sede de suas manifestações. O cérebro abdominal, *pseudo*cérebro abdominal, ou *sub*cérebro abdominal é a *eminência parda* do cérebro natural, encefálico (coronochacra e frontochacra); um embaraço indefensável na autoevolução consciente.

Subpensene (*sub* + *pen* + *sen* + *ene*) – O pensene carregado pelas energias conscienciais adstritas ao *sub*cérebro abdominal, notadamente do umbilicochacra; a *unidade de medida* do subcérebro abdominal, segundo a Conscienciometria.

Tacon (*ta* + *con*) – Tarefa da consolação, assistencial, pessoal ou grupal, primária.

Taquipensene (*taqui + pen + sen + ene*) – O pensene de fluxo rápido, próprio da conscin taquipsíquica.

Tares (*tar + es*) – Tarefa do esclarecimento, assistencial, pessoal ou grupal, avançada. Plural: tarefas do esclarecimento.

Teática (*te + ática*) – Vivência conjunta da teoria e da prática por parte da conscin ou da consciex.

Telepensene (*tele + pen + sen + ene*) – O mesmo que homopensene.

Tenepes (*t + ene + pes*) – Tarefa energética pessoal, diária, multidimensional, com assistência permanente de amparadores, a longo prazo ou para o restante da vida intrafísica. Expressão popular: *passes-para-o-escuro.*

Trafar (*tra + far*) – Traço-fardo da personalidade da conscin; componente negativo da estrutura do microuniverso consciencial que a consciência ainda não consegue alijar de si ou desvencilhar-se até o momento.

Trafor (*tra + for*) – Traço-força da personalidade da conscin; componente positivo da estrutura do microuniverso consciencial que impulsiona a evolução da consciência.

Tridotação consciencial – Qualidade dos 3 talentos conjugados mais úteis ao conscienciólogo: a intelectualidade, o parapsiquismo e a comunicabilidade; tridotalidade consciencial.

Tritanatose – Desativação e descarte do psicossoma com a entrada da consciência do *Homo sapiens serenissimus* na condição de Consciência Livre (CL); *terceira dessoma.*

Umbilicochacra (*umbilico + chacra*) – O chacra umbilical (acima do umbigo) ou relativo à fisiologia e parafisiologia (abdominais) da consciência humana.

Universalismo – Conjunto de ideias derivadas da universalidade das leis básicas da Natureza e do Universo e que, através da evolução natural da consciência, torna-se inevitavelmente, a sua filosofia dominante; cosmismo.

Varejismo consciencial – Sistema primário de comportamento individual caracterizado pela ação através de atos conscienciais menores, isolados e de mínimo resultado produtivo ou efeito evolutivo magno.

Veículo da consciência – Instrumento ou corpo pelo qual a consciência se manifesta na intrafisicalidade (conscin) e nas dimensões extrafísicas (conscin projetada e consciex).

Verbação (*verb + ação*) – Interação prática do verbo e da ação no comportamento coerente da consciência; resultado da palavra ratificada pelo exemplo através dos testemunhos vividos pela conscin.

Vírus da Socin – Qualquer traf*a*r social na vida intrafísica da consciência humana.

Vivência pessoal (VP) – Experimentação prática, pessoal, direta, intransferível, da conscin em seu caminho evolutivo.

Xenofrenia (Grego: *xenos,* estranho; *phrem,* mente) – Estado da consciência humana, fora do padrão normal da vigília física ordinária, induzido por agentes físicos, fisiológicos, psicológicos, farmacológicos ou parapsíquicos.

Xenopensene (*xeno* + *pen* + *sen* + *ene*) – O pensene intrusivo do assediador nas ocorrências de intrusão pensênica ou assedialidade; a *cunha mental;* a *unidade de medida* do assédio interconsciencial, segundo a Conscienciometria.

Zoopensene (*zoo* + *pen* + *sen* + *ene*) – O pensene do animal subumano, sem autoconsciencialidade; a *unidade de medida* do princípio consciencial do animal subumano, segundo a Conscienciometria.

SIGLAS E ABREVIATURAS

Observações. Aqui estão explicitadas 147 siglas e abreviaturas empregadas nos textos da Projeciologia e Conscienciologia.

a.e.c. = antes da era comum.
AIDS = *Acquired Immunological Deficiency Syndrome;* Síndrome da Deficiência Imunológica Adquirida.
al. = idioma alemão.
alf. = índice alfabético dos assuntos; índice remissivo.
AM = autoconscientização multidimensional.
apênd. = apêndice ou apêndices.
apres. = apresentador ou apresentadora.
B. C. R. = soldado ferido na guerra.
bib. = bibliografia.
biog. = microbiografias.
br. = brochura.
cap. = capítulo.
caps. = capítulos.
cart. = cartonado.
cc = cheiro de corpo; perspiração inconsciente do soma.
CD = *Compact Disc;* disco compacto de gravação.
CD-ROM = *Compact Disc – Read Only Memory;* Disco Compacto – Memória Apenas de Leitura.
CF = computador fiscal.
chin. = idioma chinês.
CIPRO = Congresso Internacional de Projeciologia.
CL = consciência livre.
cm = centímetro ou centímetros.
Co. = Companhia; Cia.
Col. = Colaboração.
Com. = Comentarista.
CS = consciência somática ou da conscin.
Def. = Definição ou Definições.
dic. = dicionário.
din. = idioma dinamarquês.
e.c. = era comum.
EC = energia consciencial.
ECs = energias conscienciais.
ed. = edição ou edições.
EHE = *Exceptional Human Experience;* Experiência Humana Excepcional.
EI = energia imanente.
EIs = energias imanentes.
elet. = eletricidade.
Elvis = estar morto (na guerra).
enc. = encadernado.
end. = endereço ou endereços.
ene = energia consciencial ou EC.
enu. = enumerações numeradas.
epíl. = epílogo.
EQM = experiência da quase-morte.

EQMs = experiências da quase-morte.
esp. = idioma espanhol.
esper. = idioma esperanto.
espi. = encadernado com espiral.
etc. = *et cetera* (e outros; e outras).
E.U.A. = Estados Unidos da América.
EV = estado vibracional.
EVs = estados vibracionais.
Ex. = exemplo ou exemplos.
FAO = *Food and Agriculture Organization.*
FC = ficção científica.
fig. = figura ou figuras.
fr. = idioma francês.
geog. = índice geográfico.
glos. = glossário.
gr. = idioma grego.
gráf. = gráfico ou gráficos.
Hi-fi = *high-fidelity* ou alta-fidelidade; aparelho de gravação ou reprodução sonora.
hol. = idioma holandês.
HQ = história em quadrinhos.
H. R. P. = restos humanos na guerra.
IIPC = Instituto Internacional de Projeciologia e Conscienciologia.
ilus. = ilustrado por fotos e/ou desenhos; ilustração; ilustrações.
imp. = impressão.
indíg. = indígena.
ing. = idioma inglês.
INSS = Instituto Nacional do Seguro Social.
int. = introdução.
it. = idioma italiano.
jap. = idioma japonês.
lat. = idioma latim.
LSD = *Lysergic Acid Diethylamide* (ácido lisérgico).
m = metro ou metros.
mg = miligrama ou miligramas.
MUP = *M*enor *U*nidade *P*ossível de um trabalho científico destinado à publicação.
n. = número ou números. Na Bibliografia: N.º
OBE = ***O**ut-of-**B**ody **E**xperience;* experiência extracorpórea.
OMS = *O*rganização *M*undial da *S*aúde.
ONGs = *O*rganizações *N*ão *G*overnamentais.
ono. = índice onomástico; índice de nomes.
ONU = *O*rganização das *N*ações *U*nidas.
OOBE = ***O**ut-**o**f-the-**B**ody **E**xperience;* experiência extracorpórea.
OVNI = *O*bjeto *V*oador *N*ão *I*dentificado (Ufo).
p. = página ou páginas.
PC = projeção consciente.
PCC = projeção consciente conjunta.
PCCs = projeções conscientes conjuntas.
PCs = projeções conscientes ou projeções conscienciais lúcidas, semilúcidas e inconscientes.
Pen = pensamento ou ideia.

Pensens = pensamentos e sentimentos.
PES = percepção extrassensorial.
PI = projeção inconsciente.
PIs = projeções inconscientes.
PK = *psychokinesis* (Ing.); psicocinesia; fenômenos parapsíquicos de efeitos físicos.
PL = projetabilidade lúcida.
PLs = projetabilidades lúcidas.
port. = idioma português.
posf. = posfácio.
pref. = prefaciador.
pról. = prólogo.
PSC = projeção semiconsciente.
PSCs = projeções semiconscientes.
pseud. = pseudônimo.
QE = quociente de encefalização.
QI = quociente de inteligência ou quociente intelectual.
quest. = questionário.
reed. = reedição.
refs. = referências bibliográficas.
rel. = religioso.
rev. = revisor.
RH = recursos humanos (departamento de pessoal da empresa).
RMP = relaxação muscular progressiva.
rus. = idioma russo.
S. = São.
s. d. = sem indicação da data.
s. Ed. = sem indicação da Editora.
s. l. = sem indicação do local da Editora.
s. t. = sem indicação do tradutor.
sânsc. = idioma sânscrito.
seg. = seguintes.
Sen = sentimento ou emoção.
Senes = sentimentos e energias conscienciais (ECs).
SII = Serviço de Inspeção de Informática.
Sin. = Sinonímia.
sob. = sobrecapa ou jaqueta.
tab. = tabela.
tabs. = tabelas.
ter. = termos ou verbetes.
trad. = tradutor; tradutora; tradutores.
transc. = transcrição.
TV = televisão.
UNESCO = Organização das Nações Unidas para a Educação, a Ciência e Cultura.
UNICEF = Fundo das Nações Unidas para a Infância.
UTI = Unidade de Tratamento Intensivo (dos hospitais).
V. = Veja.
VEP = vivência extrafísica pessoal.
VEPs = vivências extrafísicas pessoais.
VIP = vivência intrafísica pessoal.
VIPs = vivências intrafísicas pessoais.
vol. = volume ou volumes; tomo ou tomos.
VP = vivência pessoal.
VPs = vivências pessoais.
W. I. A. = ***wounded in action*** (Ing.); ferido em ação na guerra.

REFERÊNCIAS BIBLIOGRÁFICAS

1. **VIEIRA,** Waldo; *Miniglossário da Conscienciologia;* 57 p.; 17 x 11 cm; Espiral; 1ª edição; Rio de Janeiro, RJ; Instituto Internacional de Projeciologia; 1992; página 54.

2. **IDEM;** *O Que é a Conscienciologia;* 180 p.; 100 caps.; 3 refs.; glos. 280 termos; alf.; 21 x 14 cm; br.; 1ª edição; Rio de Janeiro, RJ; Instituto Internacional de Projeciologia; 1994; páginas 30, 72, 107, 139, 156, 160, 168, 173.

3. **IDEM;** *Projeciologia: Panorama das Experiências da Consciência Fora do Corpo Humano;* XXVIII + 900 p.; 475 caps.; 40 ilus.; 1.907 refs.; glos. 15 termos; ono.; geo.; alf.; 27 x 18,5 x 5 cm; enc.; 3ª edição; Londrina; Paraná; Brasil; Livraria e Editora Universalista; 1990; páginas 389-393.

4. **IDEM;** *Projeções da Consciência: Diário de Experiências Fora do Corpo Físico:* 224 p.; glos. 25 termos; alf.; 21 x 14 cm; br.; 4ª edição revisada; Rio de Janeiro, RJ; Instituto Internacional de Projeciologia; 1992; páginas 153-155.

5. **IDEM;** *700 Experimentos da Conscienciologia;* 1.058 p.; 700 caps.; 300 testes; 8 índices; 2 tabs.; 600 enus.; ono.; 5.116 refs.; geo.; glos. 280 termos; alf.; 28,5 x 21,5 x 7 cm; enc.; 1ª edição; Rio de Janeiro, RJ; Instituto Internacional de Projeciologia; 1994; páginas 171, 178, 180, 183, 198, 242, 283, 322, 352, 353, 355, 409, 412, 424, 431, 432, 468, 484, 539, 542, 564, 572, 580, 595, 671, 672, 693, 700, 726, 736, 737, 739, 741, 759.

ÍNDICE REMISSIVO

Observações. Os números indicam as *páginas*. Quando há mais de um número de página, o que estiver *em itálico* indica a principal referência.

O AUTOR

Nascido em 12 de abril de 1932, em Monte Carmelo, Minas Gerais, Brasil, *Waldo Vieira* formou-se em Medicina e Odontologia, pós-graduando-se em Plástica e Cosmética em Tóquio, Japão.

Foi projetor consciente desde os 9 anos de idade e pesquisou a consciência e as manifestações fora do corpo por mais de meio século.

Foi fundador do *Instituto Internacional de Projeciologia e Conscienciologia* – IIPC e do *Centro de Altos Estudos da Conscienciologia* – CEAEC, tendo orientado a fundação de diversas outras *Instituições Conscienciocêntricas* – ICs e a implementação do bairro Cognópolis (*Cidade do Conhecimento*) em Foz do Iguaçu-PR.

Foi citado pela publicação inglesa *Who's Who in the 21st Century,* editada pela IBC – *International Biographical Center.*

Propôs as ciências *Projeciologia* e *Conscienciologia*, sistematizadas nos tratados *Projeciologia: Panorama das Experiências da Consciência Fora do Corpo Humano* (1986) e *700 Experimentos da Conscienciologia* (1994). Escreveu dezenas de livros e centenas de artigos relacionados à pesquisa da consciência.

Com a doação da biblioteca particular ao CEAEC, foi possível estruturar a Holoteca, dispondo de enorme acervo relacionado ao tema *consciência* e *experiências fora do corpo.*

No *Holociclo,* laboratório técnico especializado em *Lexicografia,* Waldo Vieira coordenou equipes de pesquisadores no desenvolvimento da *Enciclopédia da Conscienciologia,* reunindo milhares de verbetes referentes ao amplo universo da consciência.

Dessomou em 2 de julho de 2015, em Foz do Iguaçu, Paraná, Brasil.

COGNÓPOLIS, A CIDADE DO CONHECIMENTO

Cognópolis, Cidade do Conhecimento, é o bairro criado em 2009 no município de Foz do Iguaçu, Paraná, Brasil, onde estão 24 instituições ligadas à Conscienciologia e mantidas pelo trabalho de voluntários. Instituído pelo decreto municipal 18.887, Cognópolis tem área verde com trilhas ecológicas, condomínios residenciais e atividades voltadas à educação, cultura e pesquisa.

Também conhecido por Bairro do Voluntariado, Cognópolis foi idealizado pelo odontólogo, médico, lexicógrafo e professor Waldo Vieira (1932–2015).

Entre as inúmeras construções existentes no bairro, estão o Holociclo e a Holoteca. O Holociclo – holo (conjunto) e ciclo (palavra relacionada à enciclopédia) é o local de produção intelectual da Conscienciologia. Considerado incubadora de autores, o Holociclo tem uma das maiores lexicotecas (coleções de dicionários) do Brasil, com mais de 7 mil exemplares, uma encicloteca (conjunto de enciclopédias) e hemeroteca (coleção de periódicos – jornais e revistas) com mais de 600 mil recortes.

A Holoteca (conjunto de tecas) reúne um acervo de aproximadamente 947 mil itens, dos quais cerca de 107 mil são livros e obras escritas, além de objetos dos mais variados locais e culturas. A gibiteca (coleção de gibis) é considerada uma das maiores da América Latina com 35 mil revistas em quadrinhos em 16 idiomas publicadas em 22 países.

Eventos científicos são realizados periodicamente na Cognópolis para difundir resultados de pesquisas e promover debates. A escrita de livros e artigos é bastante estimulada na Cidade do Conhecimento. Há cerca de 840 voluntários (Ano-base 2020) atuantes nas Instituições da Cognópolis sendo mais de 170 autores, dos quais a maioria escreveu sobre temas da Conscienciologia.

Aberta aos visitantes, a Cognópolis está integrada ao circuito turístico de Foz do Iguaçu e conta com um hotel, o Mabu Interludium Iguassu Convention.

Editora da Conscienciologia

A Editares – Editora da Conscienciologia é uma das 25 instituições situadas na Cognópolis. Organização científica, educacional, apartidária e sem fins lucrativos, a Editares dedica-se à publicação de livros e revistas da ciência Conscienciologia.

Com modelo de trabalho voluntário, a Editares diferencia-se pelo fato de reunir equipe de editores, pareceristas, revisores e gestores não-remunerados. Os autores, na condição de voluntários e pesquisadores da Conscienciologia, doam os direitos patrimonais das obras à editora. Um fundo editorial, mantido pela venda de livros e doações espontâneas, torna a Editares financeiramente autossustentável.

Convidamos você, leitor ou leitora, a conhecer nossas obras.

www.editares.org.br

Mais informações:

www.campusceaec.org

PROGRAMA AMIGOS DA ENCICLOPÉDIA

Amizades fazem enciclopédias.

Amigos. O programa Amigos da Enciclopédia surgiu no CEAEC em outubro de 2004, com o objetivo de viabilizar a estrutura física do Holociclo e da Holoteca, integrar voluntários afins com a Conscienciologia e permitir a publicação da *Enciclopédia da Conscienciologia*. Mais de 900 inscrições foram contabilizadas em 14 anos, o que torna o programa Amigos sem dúvida um dos maiores programas de incentivo da Conscienciologia.

Enciclopédia. A *Enciclopédia da Conscienciologia,* obra completa e abrangente no estudo da consciência, proposta e estruturada pelo Professor Waldo Vieira, vem sendo patrocinada financeiramente por meio do mecenato cosmoético e maxiproexista dos intermissivistas e voluntários da *Comunidade Conscienciológica Cosmoética Internacional* (CCCI).

Megaestruturas. A totalidade dos recursos arrecadados anualmente são integralmente investidos nas megaestruturas de produção e difusão da Enciclopédia: *Tertuliarium, Holociclo* e *Holoteca.*

Tertuliarium. O *Tertuliarium* é o auditório desenvolvido especialmente para a realização diária das *Tertúlias Conscienciológicas.* Tem capacidade de 362 lugares e é considerado o primeiro *Argumentarium* do Planeta, aberto ao público, gratuitamente, o ano todo.

Tertúlias. As *Tertúlias Conscienciológicas* do CEAEC compõem o Curso de Longo Curso no qual são apresentados e debatidos diariamente no *Tertuliarium* os verbetes da *Enciclopédia da Conscienciologia,* transmitidos via *Internet* para todo o Planeta.

Holociclo. Ambiente especializado na produção de conhecimento, o *Holociclo* é o megalaboratório técnico-científico onde são realizadas, desde 2000, pesquisas de ponta a respeito da consciência.

Holoteca. A *Holoteca* é o espaço cultural destinado à pesquisa e exposição de artefatos do saber, compreendendo centenas de especialidades de estudos e milhares de itens de coleções. São compêndios, filmes, selos, moedas, conchas, fotos, registros sobre personalidades e invenções que se destacaram ao longo do tempo.

Site. O interessado pode fazer a inscrição no programa **Amigos da Enciclopédia** no *site* **www.enciclopediadaconscienciologia.org,** tornando-se mantenedor e peça-chave na elaboração da Enciclopédia. Além disso, o *Amigo da Enciclopédia* dispõe de duas ferramentas avançadas de busca: *Holoserver* e *Verbetomática.*

Holoserver. O *Holoserver* é a ferramenta de busca, permitindo acesso *online* a grande parte do acervo publicado da Conscienciologia.

Verbetomática. O *Verbetomática* é ferramenta disponível para *download* e instalação, ou em versão *on-line,* permitindo consultas especializadas à Enciclopédia.

Informações. Mais informações podem ser obtidas pelo telefone (45) 2102-1499 ou através do *E-mail* **amigos@enciclopediadaconscienciologia.org**.

Equipe do Programa *Amigos da Enciclopédia*

INSTITUIÇÕES CONSCIENCIOCÊNTRICAS

ICs. As *Instituições Conscienciocêntricas* (ICs) são organizações cujos objetivos, metodologias de trabalho e modelos organizacionais estão fundamentados no Paradigma Consciencial. A atividade principal das ICs é apoiar a evolução das consciências através da tarefa do esclarecimento pautada pelas verdades relativas de ponta, encontradas nas pesquisas no campo da Ciência Conscienciologia e especialidades.

Voluntariado. Todas as *Instituições Conscienciocêntricas* são associações independentes, de caráter privado, sem fins de lucro e mantidas predominantemente pelo trabalho voluntário de professores, pesquisadores, administradores e profissionais de diversas áreas.

CCCI. O conjunto das *Instituições Conscienciocêntricas* e dos voluntários da Conscienciologia no planeta compõe a *Comunidade Conscienciológica Cosmoética Internacional* (CCCI) formada atualmente por 25 ICs, incluindo a *União das Instituições Conscienciocêntrias Internacionais* (UNICIN) e a *Associação Internacional Editares.*

AIEC – ASSOCIAÇÃO INTERNACIONAL PARA EXPANSÃO DA CONSCIENCIOLOGIA
Fundação: 22.04.2005
Sede: Av. Felipe Wandscheer, 6.200 - Cognópolis, Foz do Iguaçu, PR, Brasil, CEP: 85856-850
Tel.: +55 (45) 2102-1411
Site: www.worldaiec.org
Contato: info@worldaiec.org

APEX – ASSOCIAÇÃO INTERNACIONAL DA PROGRAMAÇÃO EXISTENCIAL
Fundação: 20.02.2007
Sede: Rua da Cosmoética, 1.635, sala 12 - Cognópolis, Foz do Iguaçu, PR, Brasil, CEP: 85856-852
Tel.: +55 (45) 2102-1499; +55 (45) 99134-1185
Site: www.apexinternacional.org
Contato: contato@apexinternacional.org

ARACÊ – ASSOCIAÇÃO INTERNACIONAL PARA EVOLUÇÃO DA CONSCIÊNCIA
Fundação: 14.04.2001
Campus ARACÊ: Rota do Conhecimento, Km 7, acesso BR-262, Km 86 - Distrito de Aracê, Domingos Martins, ES, Brasil.
Correspondência: Caixa Postal 110 - Pedra Azul, Domingos Martins, ES, Brasil, CEP: 29278-000
Tel.: +55 (27) 99997-3120
Site: www.arace.org
Contato: associacao@arace.org

ASSINVÉXIS – ASSOCIAÇÃO INTERNACIONAL DE INVERSÃO EXISTENCIAL
Fundação: 22.07.2004
Campus de Invexologia: Av. Maria Bubiak, 1.100 - Cognópolis, Foz do Iguaçu, PR, Brasil, CEP: 85856-810
Tel.: +55 (45) 3525-0913
Site: www.assinvexis.org
Contato: contato@assinvexis.org

ASSIPI – ASSOCIAÇÃO INTERNACIONAL DE PARAPSIQUISMO INTERASSISTENCIAL
Fundação: 29.12.2011
Sede: Av. Felipe Wandscheer, 6.200, sala 212
Cognópolis, Foz do Iguaçu, PR, Brasil, CEP: 85856-850
Tel.: +55 (45) 2102-1421
Site: www.assipi.com
Contato Sede: assipi@assipi.com

CEAEC – ASSOCIAÇÃO INTERNACIONAL DO CENTRO DE ALTOS ESTUDOS DA CONSCIENCIOLOGIA
Fundação: 15.07.1995
Campus: Rua da Cosmoética, 1.635
Cognópolis, Foz do Iguaçu, PR, Brasil, CEP: 85856-852
Tel.: +55 (45) 2102-1499
Site: www.campusceaec.org
Contato: ceaec@ceaec.org

COMUNICONS – ASSOCIAÇÃO INTERNACIONAL DE COMUNICAÇÃO CONSCIENCIOLÓGICA
Fundação: 24.07.2005
Sede: Av. Felipe Wandscheer, 6.200, sala 206
Cognópolis, Foz do Iguaçu, PR, Brasil, CEP: 85856-850
Tel.: +55 (45) 98827-5920
Site: www.comunicons.org.br
Contato: comunicons@comunicons.org

CONSCIUS – ASSOCIAÇÃO INTERNACIONAL DE CONSCIENCIOMETRIA INTERASSISTENCIAL
Fundação: 24.02.2006
Sede: Av. Felipe Wandscheer, 6.200, sala 110
Cognópolis, Foz do Iguaçu, PR, Brasil, CEP: 85856-850
Tel.: +55 (45) 2102-1460
Site: www.conscius.org.br
Contato: conscius@conscius.org.br

CONSECUTIVUS – ASSOCIAÇÃO INTERNACIONAL DE PESQUISAS SERIEXOLÓGICAS E HOLOBIOGRÁFICAS
Fundação: 14.12.2014
Sede: Av. Felipe Wandscheer, 6.200, casa 351 - Cognópolis, Foz do Iguaçu, PR, Brasil, CEP: 85856-850
Telefone: +55 (45) 99121-0717
Site: www.consecutivus.org
Contato: consecutivus@consecutivus.org

COSMOETHOS – ASSOCIAÇÃO INTERNACIONAL DE COSMOETICOLOGIA
Fundação: 03.10.2015
Sede: Av. Felipe Wandscheer, 6.200, sala 104
Cognópolis, Foz do Iguaçu, PR, Brasil, CEP: 85856-850
Telefone: +55 (45) 99927-0880
Site: www.cosmoethos.org.br
Contato: contato@cosmoethos.org.br

ECTOLAB – ASSOCIAÇÃO INTERNACIONAL DE PESQUISA LABORATORIAL EM ECTOPLASMIA E PARACIRURGIA
Fundação: 14.07.2013
Sede: Av. Felipe Wandscheer, 6.200, sala 105
Cognópolis, Foz do Iguaçu, PR, Brasil, CEP: 85856-850
Telefone: +55 (45) 2102-1427; +55 (45) 99101-1407
Site: www.ectolab.org
Contato: ectolab@ectolab.org

EDITARES – ASSOCIAÇÃO INTERNACIONAL EDITARES
Fundação: 23.10.2004
Sede: Av. Felipe Wandscheer, 6.200, sala 100D
Cognópolis, Foz do Iguaçu, PR, Brasil, CEP: 85856-850
Tel.: +55 (45) 99133-2818
Site: www.editares.org
Contato: editares@editares.org

ENCYCLOSSAPIENS – ASSOCIAÇÃO INTERNACIONAL DE ENCICLOPEDIOLOGIA CONSCIENCIOLÓGICA
Fundação: 21.12.2013
Sede: Rua da Cosmoética, 1.635
Cognópolis, Foz do Iguaçu, PR, Brasil, CEP: 85856-852
Tel.: +55 (45) 2102-1499
Site: www.encyclossapiens.org
Contato: contato@encyclossapiens.org

EVOLUCIN – ASSOCIAÇÃO INTERNACIONAL DE CONSCIENCIOLOGIA PARA INFÂNCIA
Fundação: 09.07.2006
Sede: Av. Felipe Wandscheer, 6.200, sala 204
Cognópolis, Foz do Iguaçu, PR, Brasil, CEP: 85856-850
Tel.: +55 (45) 99121-4343
Site: www.evolucin.org
Contato: evolucincons@gmail.com

IC TENEPES – ASSOCIAÇÃO INTERNACIONAL DE TENEPESSOLOGIA
Fundação: 11.06.2016
Sede: Av. Felipe Wandscheer, 6.200, sala 205
Cognópolis, Foz do Iguaçu, PR, Brasil, CEP: 85856-850
Tel.: +55 (45) 9131-2855
Site: www.ictenepes.org

IIPC – INSTITUTO INTERNACIONAL DE PROJECIOLOGIA E CONSCIENCIOLOGIA
Fundação: 16.01.1988
Sede: Av. Felipe Wandscheer, 6.200, sala 103 - Cognópolis, Foz do Iguaçu, PR, Brasil, CEP: 85856-850
Tel.: +55 (45) 2102-1448
Site: www.iipc.org.br
Contato: iipc@iipc.org.br
Campus de Pesquisas IIPC: Estrada do Universalismo, 1.177 - Sampaio Correa, Saquarema, RJ, Brasil, CEP: 28997-970
Tel.: +55 (22) 2654-1186
Contato: campus@iipc.org

INTERCAMPI – ASSOCIAÇÃO INTERNACIONAL DOS CAMPI DE PESQUISAS DA CONSCIENCIOLOGIA
Fundação: 23.07.2005
Sede: Av. Antonio Basílio, 3006, sala 901 - Lagoa Nova, Natal, RN, Brasil, CEP: 59056-901
Tel.: +55 (84) 3211-3126; +55 (84) 9168-2066
Site: www.intercampi.org
Contato: intercampi@intercampi.org

INTERPARES – ASSOCIAÇÃO INTERNACIONAL DE APORTES INTERASSISTENCIAIS
Fundação: 15.05.2016
Sede: Rua Cosmoética, 1.635, sala 11
Cognópolis, Foz do Iguaçu, PR, Brasil, CEP: 85856-852
Tel.: +55 (45) 99124-7681
Site: www.interpares.org.br
Contato: interpares@interpares.org.br

JURISCONS – ASSOCIAÇÃO INTERNACIONAL DE PARADIREITOLOGIA
Fundação: 25.04.2015
Sede: Av. Felipe Wandscheer, 6.200, sala 350-A
Cognópolis, Foz do Iguaçu, PR, Brasil, CEP: 85856-850
Site: www.juriscons.org
Contato: juriscons@juriscons.org

LIDERARE – ASSOCIAÇÃO INTERNACIONAL DE LIDEROLOGIA INTERASSISTENCIAL
Fundação: 01.05.2021
Site: www.liderare.org
Contato: contato@liderologia.org

OIC – ORGANIZAÇÃO INTERNACIONAL DE CONSCIENCIOTERAPIA
Fundação: 06.09.2003
Campus: Av. Felipe Wandscheer, 6.945
Cognópolis, Foz do Iguaçu, PR, Brasil, CEP: 85856-850
Tel.: +55 (45) 3025-1404; +55 (45) 9-9992-1664
Site: www.oic.org.br
Contato: aco@oic.org.br

ORTHOCOGNITIVUS – ASSOCIAÇÃO INTERNACIONAL PARA IMPLANTAÇÃO DA COGNÓPOLIS SC
Fundação: 18.05.2018
Av. Marechal Castelo Branco, 65, Sala 1.111, torre B - Edifício Kennedy Towers
Bairro Campinas, São José, SC, Brasil, CEP: 88101-020
Telefone: +55 (48) 99845-9931
Site: www.orthocognitivus.org
Contato: contato@orthocognitivus.org

REAPRENDENTIA – ASSOCIAÇÃO INTERNACIONAL DE PARAPEDAGOGIA E REEDUCAÇÃO CONSCIENCIAL
Fundação: 21.10.2007
Sede: Av. Felipe Wandscheer, 6.560
Cognópolis, Foz do Iguaçu, PR, Brasil, CEP: 85856-850
Centro, Foz do Iguaçu, PR, Brasil
Tel.: +55 (45) 99833-9769
Site: www.reaprendentia.org
Contato: contato@reaprendentia.org

UNICIN – UNIÃO DAS INSTITUIÇÕES CONSCIENCIOCÊNTRICAS INTERNACIONAIS
Fundação: 22.01.2005
Sede: Av. Felipe Wandscheer, 6.200, salas 201 a 203
Cognópolis, Foz do Iguaçu, PR, Brasil, CEP: 85856-850
Tel.: +55 (45) 2102-1405
Site: www.unicin.org
Contato: unicin@unicin.org

UNIESCON – UNIÃO INTERNACIONAL DE ESCRITORES DA CONSCIENCIOLOGIA
Fundação: 23.11.2008
Sede: Rua da Cosmoética, 1.635
Cognópolis, Foz do Iguaçu, PR, Brasil, CEP: 85856-852
Tel.: +55 (45) 2102-1499
Site: www.uniescon.org
Contato: uniescon.ccci@gmail.com

TÍTULOS PUBLICADOS PELA EDITARES

AUTORES	TÍTULOS
Adriana Kauati	SÍNDROME DO IMPOSTOR
Adriana Lopes	SENSOS EVOLUTIVOS E CONTRASSENSOS REGRESSIVOS
Alessandra Nascimento e Felix Wong (Orgs.)	CONSCIENCIOLOGIA É NOTÍCIA: PROJECIOLOGIA
Alexandre Nonato	JK E OS BASTIDORES DA CONSTRUÇÃO DE BRASÍLIA
Alexandre Nonato *et. al.*	ACOPLAMENTO ENERGÉTICO
	INVERSÃO EXISTENCIAL
Alexandre Zaslavsky (Editor)	INTERPARADIGMAS 1 – Princípio da Descrença INTERPARADIGMAS 2 – Parapercepciologia INTERPARADIGMAS 3 – Pesquisa da Autoconsciência INTERPARADIGMAS 4 – Diálogos Interparadigmáticos INTERPARADIGMAS 5 – Precursores Interparadigmáticos INTERPARADIGMAS 6 – O Paradigma Consciencial e Outros Paradigmas de Pesquisa da Consciência INTERPARADIGMAS 7 – Transição Autoparadigmática
Aline Niemeyer	MEGAPENSENES TRIVOCABULARES DA INTERASSISTENCIALIDADE
Aline Niemeyert	PENSATAS SOBRE RECICLAGENS INTRACONSCIENCIAIS
Aline Niemeyer e Lilian Zolet	TÉCNICAS BIOENERGÉTICAS PARA CRIANÇAS
Almir Justi, Amin Lascan e Dayane Rossa	COMPETÊNCIAS PARAPSÍQUICAS
Alzemiro Rufino de Matos	VIDA: OPORTUNIDADE DE APRENDER
Alzira Gezing	INTENÇÃO
Ana Luiza Rezende *et. al.*	MANUAL DO ECP2
Ana Seno	COMUNICAÇÃO EVOLUTIVA
Ana Seno e Eliane Stédile (Orgs.)	*SERENARIUM*
Anália Rosário Lopes, Myriam Sanchez e Rita Sawaya	DICIONÁRIO DE TECAS DA HOLOTECOLOGIA
Antonio Fontenele	DECISÕES EVOLUTIVAS
Antonio Pitaguari e Marina Thomaz	REDAÇÃO E ESTILÍSTICA CONSCIENCIOLÓGICA
Arlindo Alcadipani	ITINERÁRIO EVOLUTIVO DE UM RECICLANTE
Bárbara Ceotto	DIÁRIO DE AUTOCURA
Beatriz Tenius e Tatiana Lopes	AUTOPESQUISA CONSCIENCIOLÓGICA
Caio Polizel (Org.)	DIRETRIZES DA AUTOGESTÃO EXISTENCIAL
Cesar Cordioli	CALEPINO CONSCIENCIOLÓGICO
	CONSCIENCIOLOGIA BREVE INTRODUÇÃO À CIÊNCIA DA CONSCIÊNCIA
Cesar Machado	ANTIVITIMIZAÇÃO
	PROATIVIDADE EVOLUTIVA
Cesar Machado e Stéfani Sabetzki	HUMANIZAÇÃO PARAPSÍQUICA NA UTI
Cirleine Couto	CONTRAPONTOS DO PARAPSIQUISMO
	INTELIGÊNCIA EVOLUTIVA COTIDIANA
Christovão Peres	VOLICIOTERAPIA: VONTADE APLICADA À CONSCIENCIOTERAPIA
Clara Emile Vieira	ESCOLHAS EVOLUTIVAS

AUTORES	TÍTULOS
Dalva Morem	SEMPRE É TEMPO
Dayane Rossa	MEGATRAFOR: ESTUDO DO MAIOR TALENTO CONSCIENCIAL SOB A ÓTICA DA MULTIEXISTENCIALIDADE
	OPORTUNIDADE DE VIVER
Débora Klippel	O PEQUENO PESQUISADOR: AUTOPESQUISA DE VIDAS PASSADAS
Débora Klippel	O PEQUENO PESQUISADOR: MULTIDIMENSIONALIDADE
Denise Paro e Nara Oliveira (Editoras)	REVISTA HOLOTECOLOGIA N. 3
Dulce Daou	AUTOCONSCIÊNCIA E MULTIDIMENSIONALIDADE
	VONTADE: CONSCIÊNCIA INTEIRA
Eduardo Martins	HIGIENE CONSCIENCIAL
Eliana Manfroi	ANTIDESPERDÍCIO CONSCIENCIAL
Eliane Wojslaw *et. al.*	GLOSSÁRIO INGLÊS–PORTUGUÊS DE TERMOS ESSENCIAIS DA CONSCIENCIOLOGIA
Ermânia Ribeiro	DIÁRIO DE EXPERIÊNCIAS COGNOPOLITANAS
Ernani Brito, Rosemary Salles e Sandra Tornieri	LIVRO DOS CREDORES GRUPOCÁRMICOS
Eucárdio de Rosso (Org.)	COSMOETICOLOGIA
Everaldo Bergonzini & Lilian Zolet	CONVIVIALIDADE SADIA
Fernando R. Sivelli e Marineide C. Gregório	AUTOEXPERIMENTOGRAFIA PROJECIOLÓGICA
Flavia Rogick	CONSCIÊNCIA CENTRADA NA ASSISTÊNCIA
	MUDAR OU MUDAR
Flávio Amado (Org.)	TEÁTICAS DA TENEPES
Flávio Buononato	ANUÁRIO DA CONSCIENCIOLOGIA 2012
	ANUÁRIO DA CONSCIENCIOLOGIA 2013
	ANUÁRIO DA CONSCIENCIOLOGIA 2014
	FATOS E PARAFATOS DA COGNÓPOLIS FOZ DO IGUAÇU
Flávio Monteiro e Pedro Marcelino	*CONS* – COMPREENDENDO NOSSA EVOLUÇÃO
Giuliana Costa	AUTOBIOGRAFIA DE UMA PERSONALIDADE CONSECUTIVA
Graça Razera	HIPERATIVIDADE EFICAZ
Guilherme Kunz	MANUAL DO MATERPENSENE
Ione Rosa	ACERTOS GRUPOCÁRMICOS
Isabel Manfroi	O EMPREENDEDORISMO REURBANIZADOR DE HÉRCULES GALLÓ E WALDO VIEIRA
Jacqueline Nahas e Pedro Fernandes (Orgs.)	*HOMO LEXICOGRAPHUS*
Jayme Pereira	BÁRBARAH VAI À ESTRELA
	PRINCÍPIOS DO ESTADO MUNDIAL COSMOÉTICO
João Aurélio e Katia Arakaki	COGNÓPOLIS FOZ: UM LUGAR PARA SE VIVER
João Paulo Costa e Dayane Rossa	MANUAL DA CONSCIN-COBAIA
João Ricardo Schneider	HISTÓRIA DO PARAPSIQUISMO
Jovilde Montagna	VIVÊNCIAS PARAPSÍQUICAS DE UMA PEDIATRA
Julieta Mendonça	MANUAL DO TEXTO DISSERTATIVO
Julio Almeida	QUALIFICAÇÃO ASSISTENCIAL
	QUALIFICAÇÃO AUTORAL
	QUALIFICAÇÕES DA CONSCIÊNCIA

AUTORES	TÍTULOS
Kátia Arakaki	ANTIBAGULHISMO ENERGÉTICO
	OTIMIZAÇÕES PRÉ-TENEPES
	VIAGENS INTERNACIONAIS
Kátia Arakaki (Org.)	AUTOFIEX
Lane Galdino	MANUAL DE ASSESSORIA JURÍDICA EM INSTITUIÇÕES CONSCIENCIOCÊNTRICAS (ICs)
Lane Galdino(Org.)	MANUAL DE PUBLICAÇÕES DA EDITARES
Laura Sánchez	LASTANOSA: MEMÓRIA E HISTÓRIA DO INTELECTUAL E HOLOTECÁRIO DO SÉCULO XVII
Lilian Zolet	PARAPSIQUISMO NA INFÂNCIA
Lilian Zolet e Flavio Buononato	MANUAL DO *ACOPLAMENTARIUM*
Lilian Zolet e Guilherme Kunz	*ACOPLAMENTARIUM:* PRIMEIRA DÉCADA
Lourdes Pinheiro e Felipe Araújo	DICIONÁRIO DE VERBOS CONJUGADOS
Luciana Lavôr (Org.)	I NOITE DE GALA MNEMÔNICA - HISTÓRIA ILUSTRADA
Luciano Vicenzi	CORAGEM PARA EVOLUIR
Lucy Lufti	VOLTEI PARA CONTAR
Luiz Bonassi	PARADOXOS
Mabel Teles	PROFILAXIA DAS MANIPULAÇÕES CONSCIENCIAIS
	ZÉFIRO – A PARAIDENTIDADE INTERMISSIVA DE WALDO VIEIRA
Málu Balona	AUTOCURA ATRAVÉS DA RECONCILIAÇÃO
	SÍNDROME DO ESTRANGEIRO
Marcelo da Luz	ONDE A RELIGIÃO TERMINA?
Maria Helena Lagrota	MINHAS QUATRO ESTAÇÕES
Maria Tereza Bolzan	ENERGIAS
Maria Thereza Lacerda	A PEDRA DO CAMINHO
Marilza de Andrade	PROJEÇÕES ASSISTENCIAIS
Marina Thomaz e Antonio Pitaguari (Orgs.)	TENEPES: ASSISTÊNCIA INTERDIMENSIONAL LÚCIDA
Marlene Koller	DA CONSCIÊNCIA REBELDE À HOLOCONVIVIALIDADE PACÍFICA
Marta Ramiro	MANUAL DA TÉCNICA DA RECEXIS
Maximiliano Haymann	PRESCRIÇÕES PARA O AUTODESASSÉDIO
	SÍNDROME DO OSTRACISMO
Miriam Kunz	ANTROPOZOOCONVIVIOLOGIA
Moacir Gonçalves e Rosemary Salles	DINÂMICAS PARAPSÍQUICAS
Neida Cardozo	SÍNDROME DA DISPERSÃO CONSCIENCIAL
Osmar Ramos Filho	CRISTO ESPERA POR TI (Edição Comentada)
Oswaldo Vernet	DESCRENCIOGRAMA
Paulo Mello	EVOLUTIVIDADE PLANEJADA
Pedro Fernandes	SERIEXOLOGIA: EVOLUÇÃO MULTIEXISTENCIAL LÚCIDA
Phelipe Mansur	EMPREENDEDORISMO EVOLUTIVO
Reinalda Fritzen	CAMINHOS DA AUTOSSUPERAÇÃO
Ricardo Rezende	LUCIDEZ CONSCIENCIAL
	VOLUNTARIADO CONSCIENCIOLÓGICO INTERASSISTENCIAL
Roberto Leimig	VIDAS DE NATURALISTA
Rodrigo Medeiros	CLARIVIDÊNCIA
Rosa Nader	AUTODESREPRESSÃO: REFLEXÕES CONSCIENCIOLÓGICAS
Rosa Nader (Org.)	MANUAL DE VERBETOGRAFIA

AUTORES	TÍTULOS
Roseli Oliveira	DICIONÁRIO DE EUFEMISMOS DA LÍNGUA PORTUGUESA
Rosemary Salles	CONSCIÊNCIA EM REVOLUÇÃO
Sandra Tornieri	MAPEAMENTO DA SINALÉTICA ENERGÉTICA PARAPSÍQUICA
Selma Prata	O CÉREBRO ENVELHECE E O PARACÉREBRO ENRIQUECE
Silda Dries	TEORIA E PRÁTICA DA EXPERIÊNCIA FORA DO CORPO
Sissi Prado Lopes (Org.)	CONSCIENTIOTHERAPIA
Tathiana Mota	CURSO INTERMISSIVO
Tatiana Lopes	DESENVOLVIMENTO DA PROJETABILIDADE LÚCIDA
Tony Muskopf	AUTENTICIDADE CONSCIENCIAL
Vera Hoffmann	SEM MEDO DA MORTE
Vera Tanuri	PERDÃO: OPÇÃO COSMOÉTICA DE SEGUIR EM FRENTE
Victor Strate Bolfe	ESTADO VIBRACIONAL: VIVÊNCIA E AUTOQUALIFICAÇÃO
Wagner Alegretti	RETROCOGNIÇÕES: PESQUISA DA MEMÓRIA DE VIVÊNCIAS PASSADAS
Wagner Strachicini	CONSCIÊNCIA ANTIDOGMÁTICA
Waldo Vieira	100 TESTES DA CONSCIENCIOMETRIA
	200 TEÁTICAS DA CONSCIENCIOLOGIA
	500 VERBETÓGRAFOS DA ENCICLOPÉDIA DA CONSCIENCIOLOGIA
	700 EXPERIMENTOS DA CONSCIENCIOLOGIA
	A NATUREZA ENSINA
	CONSCIENCIOGRAMA
	DICIONÁRIO DE ARGUMENTOS DA CONSCIENCIOLOGIA
	DICIONÁRIO DE NEOLOGISMOS DA CONSCIENCIOLOGIA
	HOMO SAPIENS PACIFICUS
	HOMO SAPIENS REURBANISATUS
	LEXICO DE ORTOPENSATAS
	MANUAL DA DUPLA EVOLUTIVA
	MANUAL DA PROÉXIS
	MANUAL DA TENEPES
	MANUAL DE REDAÇÃO DA CONSCIENCIOLOGIA
	MANUAL DOS MEGAPENSENES TRIVOCABULARES
	MÁXIMAS DA CONSCIENCIOLOGIA
	MINIDEFINIÇÕES DA CONSCIENCIOLOGIA
	NOSSA EVOLUÇÃO
	O QUE É A CONSCIENCIOLOGIA
	PROJECIOLOGIA
	PROJEÇÕES DA CONSCIÊNCIA
	TEMAS DA CONSCIENCIOLOGIA
Waldo Vieira *et. al.*	ENCICLOPÉDIA DA CONSCIENCIOLOGIA

AUTORES	TÍTULOS (EM INGLÊS)
Alessandra Nascimento / Felix Wong (Orgs.)	*CONSCIENTIOLOGY IS NEWS: PROJECTIOLOGY*
Cesar Machado	*ANTIVICTIMIZATION*
Débora Klippel	*THE LITTLE RESEARCHER*
Eduardo Martins	*CONSCIENTIAL HYGIENE*
Eliana Manfroi	*CONSCIENTIAL ANTIWASTAGE*

AUTORES	TÍTULOS (EM INGLÊS)
Eliane Wojslaw *et. al.*	*THE ENGLISH-PORTUGUESE GLOSSARY OF ESSENTIAL CONSCIENTIOLOGY TERMS*
Flávio Monteiro / Pedro Marcelino	*CONS: UNDERSTANDING OUR EVOLUTION*
Giuliana Costa	*AUTOBIOGRAPHY OF A CONSECUTIVE PERSONALITY: THROUGH THE LENS OF THE CONSCIENTIAL PARADIGM*
Jaime Pereira	*BARBARAH VISITS A STARS*
Lilian Zolet	*PARAPSYCHISM IN CHILDHOOD QUESTIONS AND ANSWERS*
Mabel Teles	*ZEPHYRUS - THE INTERMISSIVE PARAIDENTITY OF WALDO VIEIRA*
Marcelo da Luz	*WHERE DOES RELIGION END?*
Tathiana Mota	*INTERMISSIVE COURSE*
Waldo Vieira	*700 CONSCIENTIOLOGY EXPERIMENTS*
	CONSCIENTIOGRAM
	OUR EVOLUTION
	PENTA MANUAL
	PROEXIS MANUAL
	PROJECTIOLOGY – A PANORAMA OF EXPERIENCES OF THE CONSCIOUSNESS OUTSIDE THE HUMAN BODY
	PROJECTIONS OF THE CONSCIOUSNESS

AUTORES	TÍTULOS (EM ESPANHOL)
Alessandra Nascimento / Felix Wong (Orgs.)	*CONCIENCIOLOGÍA ES NOTICIA: PROYECCIOLOGÍA*
Ana Seno e Maria Cristina Nievas (Orgs).	*GLOSARIO ESPAÑÓL-PORTUGUÉS DE TÉRMINOS ESENCIALES DE LA CONSCIENCIOLOGÍA*
Gloria Thiago	*VIVIENDO EN MULTIPLES DIMENSIONES*
Málu Balona	*SÍNDROME DEL EXTRANJERO*
Maximiliano Haymann	*SÍNDROME DEL OSTRACISMO*
Miguel Cirera	*EVOLUCIÓN DE LA INTELIGENCIA PARAPSÍQUICA*
Rosemary Salles	*CONCIENCIA EN REVOLUCIÓN*
Waldo Vieira	*CONSCIENCIOGRAMA*
	NUESTRA EVOLUCIÓN
	MANUAL DE LA TENEPER
	MANUAL DE LA PROEXIS
	PROYECCIONES DE LA CONCIENCIA

AUTORES	TÍTULOS (EM ALEMÃO)
Jayme Pereira	*BARBARAH FLIEGT ZUM STERN*

AUTORES	TÍTULOS (EM ROMENO)
Waldo Vieira	*MANUAL DE PENTA*
	MANUAL DE PROEXIS

Site da Editora: **www.editares.org.br**

EDITARES

1. Áreas de pesquisas deste livro:

Este livro pesquisa temas da **Tenepessologia,** especialidade da **Conscienciologia.**

2. Princípio da descrença:

Não acredite em nada, nem mesmo no conteúdo grafado neste livro. O inteligente é fazer pesquisas pessoais sobre os temas.

www.ingramcontent.com/pod-product-compliance
Ingram Content Group UK Ltd.
Pitfield, Milton Keynes, MK11 3LW, UK
UKHW040325300826
14791UKWH00003B/1120